Weiterführend empfehlen wir:

Management in sozialen Organisationen
ISBN 978-3-8029-7371-0

Profi-Handbuch Fundraising
ISBN 978-3-8029-7420-5

Betriebliche Sozialarbeit
ISBN 978-3-8029-7505-9

Erfolgreich im Studium der Sozialen Arbeit
ISBN 978-3-8029-7514-1

Das gesamte Sozialgesetzbuch SGB I bis SGB XII
ISBN 978-3-8029-1954-1

Das gesamte Kinder- und Jugendrecht
ISBN 978-3-8029-1957-2

Bettina Stoll

Balanced Scorecard für Soziale Organisationen

Qualität und Management durch strategische Steuerung

Arbeitshilfe mit Beispielen

3. Auflage

WALHALLA
FACHVERLAG

Bibliografische Information der Deutschen Nationalbibliothek
Die Deutsche Nationalbibliothek verzeichnet diese Publikation in der Deutschen Nationalbibliografie; detaillierte bibliografische Daten sind im Internet über http://dnb.dnb.de abrufbar.

Zitiervorschlag:
Bettina Stoll, Balanced Scorecard für Soziale Organisationen
Walhalla Fachverlag, Regensburg 2013

3. Auflage

Produktion: Walhalla Fachverlag, 93042 Regensburg
Umschlaggestaltung: grubergrafik, Augsburg
Druck und Bindung: Kessler Druck + Medien GmbH & Co. KG
Printed in Germany
ISBN 978-3-8029-7519-6

SBL-KDM-0513-2662-POD

Nutzen Sie das Inhaltsmenü:
Die Schnellübersicht führt Sie zu Ihrem Thema.
Die Kapitelüberschriften führen Sie zur Lösung.

Schnellübersicht

Schnellübersicht

Gesamtinhaltsübersicht

Verzeichnis der Abbildungen und Tabellen

Abbildungen

Tabellen

Abkürzungsverzeichnis

BSA	Betriebliche Sozialarbeit
BSC	Balanced Scorecard
BSHG	Bundessozialhilfegesetz
DIN	Deutsches Institut für Normung
EFQM	European Foundation for Quality Management
EN	Europäische Norm
GK	Gesamtkosten
ISO	International Standard Organisation
KJHG	Kinder- und Jugendhilfegesetz
MA	MitarbeiterIn(nen)
MFT	MitarbeiterInnen-, Führungskräfte- und Teamberatung
NPO	Not-for-Profit-Organisation
PO	Profit-Organisation
QM	Qualitätsmanagement
SCP	Service Center Personal
SGB	Sozialgesetzbuch
SGF	Strategisches Geschäftsfeld
SozB	Sozialberatung
TQM	Total Quality Management

Vorwort

„Würdest du mir bitte sagen,
wie ich von hier aus weitergehen soll?"

„Das hängt zum großen Teil davon ab,
wohin du möchtest."

Lewis Carroll, Alice im Wunderland (1865)

Soziale Organisationen verstanden sich lange Zeit als eine Welt für sich und „Unternehmen besonderer Art". In ihnen wurden unter der Obhut Freier Wohlfahrt und nach den Maßgaben christlicher Einstellungen Richtungsentscheidungen getroffen; das betriebliche Miteinander schien so gut aufgehoben. Diese Eigenwelt erweist sich nun allerdings mehr und mehr als Fiktion. Denn Politik und Bürger erwarten, dass soziale Unternehmen eigene Visionen entwickeln, und dass Organisationen ihre Mission explizit (be)kennen und auch so formulieren können, dass dies der Prüfung der Öffentlichkeit standhält. Kommunikation wird somit nach außen, aber ebenso nach innen der Königsweg, um eine geeignete und eigene Qualität der Angebote zu entwickeln und kontinuierlich weiter zu verfolgen. Eine neue Kultur des Miteinander muss dazu wachsen, die humanitäre Grundsätze wahrt und zugleich offen ist für das zunehmende „Benchmark" effektiven und effizienten Mitteleinsatzes.

Als Lewis Carroll vor 140 Jahren Alice durch eine fiktionale Welt – das Wunderland – streifen ließ, wusste er wohl nichts von unternehmerischer Betriebsführung. Als Mathematiker war ihm aber klar, dass Orientierung in unbekannter Umgebung eine komplexe Aufgabe ist, die man nur fremdbestimmt oder mit Richtungsentscheidungen lösen kann. Und so lässt er in dem berühmten Kinderbuch seine kluge Grinsekatze der kleinen Streunerin, die nach dem rechten Weg fragt, antworten: „Das hängt zum großen Teil davon ab, wohin du möchtest."

Zu wissen, wo es langgehen soll, ist für soziale Unternehmen heute in einer global orientierten Welt existenzentscheidend und schwierig. Sie müssen dazu – einerlei ob soziale Dienste passend erbracht oder Bildung hochwertig vermittelt werden soll – Informationen umsetzen und zum Teil gegenläufige Anliegen und Anstrengungen abwägen: In einem Bedingungsgefüge komplexer Kundenstrukturen – die Nutzer, die Gesellschaft, die Kostenträger – sind Organisationen aufgefordert und zunehmend auch frei, die passenden Balancen selbst zu finden. Sie müssen diese Verantwortung aber auch tragen können, Entscheidungen tatsächlich anbahnen und für sich leben. Wie solche Steuerungsmaßnahmen wirken, müssen sie wahrnehmen, interpretieren und sich dabei immer weiter entwickeln. In modernen Fahrzeugen geben Navigationsgeräte Orientierungshilfen. Um ein entsprechendes Instrument für soziale Organisationen geht es im vorliegenden Buch: Es hilft, mit komplexen Informationen und Interessenvielfalt umzugehen.

Die Autorin, Dr. Bettina Stoll, lernte ich 2005 als Siegerin beim ConSozial-Wettbewerb kennen. Die gebürtige Kaufbeurerin erhielt dort den renommierten Wissenschaftspreis für ihre Transformation der Balanced Scorecard auf Soziale Organisationen. Ich konnte die studierte Diplom-Sozialpädagogin (FH), Diplom-Pädagogin (Univ.) und mittlerweile auch promovierte Soziologin als Lehrbeauftragte gewinnen, so dass nun meine Dortmunder Studierenden der Rehabilitationswissenschaften von ihrer Fach- und Lehrkompetenz profitieren. Auf beeindruckende Weise öffnet sie den Blick für soziale Anliegen und Aufgaben, aber ebenso für die Basis und Abstraktion eines wissenschaftlichen Zugangs in die soziale und betriebliche Lebens- und Arbeitswelt. Diese außergewöhnliche perspektivische Allianz zeichnet auch das vorliegende Buch aus. Nicht nur Unternehmen, sondern auch Menschen als Arbeitskräfte und Akteure ihres Lebens sind angesprochen, nicht nur Faktoren qualitätsvoller Organisationsabläufe werden betrachtet, sondern ebenso der Eigensinn von Systemen, die Menschen dienen wollen.

Mit der „Balanced Scorecard für Soziale Organisationen" beschreibt Frau Dr. Stoll von der Pike an zunächst die Erfolgsgeschichte eines Managementinstrumentes, das durch seine Ausgewogenheit in sozialen Dienstleistungsunternehmen ebenso wie in Bildungseinrichtungen großen Anklang finden kann. Sie führt zugleich in kleinen Schritten in die Elemente und Anwendungsmöglichkeiten dieses „strategischen Steuers" ein. Die noch fragilen Brücken zwischen erwerbswirtschaftlichen Unternehmensstrategien und sozialen Organisationen stärkt sie mit hohem Reflexionsniveau.

Vorwort

Der Einzug des Konzepts der Balanced Scorecard in qualitätsorientiertes Management kann das betriebliche Management und soziale Organisationen nicht nur miteinander versöhnen, sondern den einander misstrauenden Systemen sogar vermitteln, dass beide profitieren werden von einer Symbiose, die über ein Verfahren systematischer abgewogener Informationsverwertung gesteuert wird. – Ein aktueller und praxisorientierter Leitfaden, den ich vielen Interessierten empfehlen will.

Prof. Dr. Elisabeth Wacker
Rehabilitationssoziologie
TU Dortmund

Balanced Scorecard als Instrument für das qualitätsorientierte strategische Sozialmanagement

Vielfach wurde (und wird immer noch) bei der Diskussion um das Management in Sozialen Organisationen bzw. allgemein im Nonprofit-Bereich von einem unüberwindbaren Gegensatz zwischen einer guten und einer bösen Welt gesprochen. Der Nonprofit-Bereich wird als „Welt des Guten und der Moral" verstanden, das Management ist der „bösen Welt" zuzuordnen, in der wirtschaftliche vor humane Aspekte in den Vordergrund gestellt werden (vgl. Hanfland/Spinola 1997, S. 67). Diese vereinfachende und wenig differenzierende Betrachtungsweise führte lange Zeit dazu, dass das Management für Soziale Organisationen (= Sozialmanagement) nicht thematisiert wurde. Erst seit Ende der 80er-Jahre (vgl. Müller-Schöll/Priepke 1989) wird das Sozialmanagement intensiv diskutiert, einhergehend mit einem Paradigmawechsel von der bürokratischen bzw. inputorientierten zur outputorientierten Steuerung Sozialer Organisationen (zum Beispiel resultierend aus und einhergehend mit der Verknappung von Geldern und neuen gesetzlichen Vorgaben).

Da das Management in und für Soziale Organisationen erst seit Ende der 80er-Jahre thematisiert wird, stellt sich für diese immer noch die Frage nach geeigneten Managementinstrumenten. Heute sind betriebswirtschaftliche Steuerungselemente und Konzepte des Managements notwendig, um mittel- und langfristig das Überleben einer Sozialen Organisation bzw. Einrichtung zu sichern und um vorhandene Ressourcen effizienter zu nutzen (vgl. Puch 2000, S. 56). „Ökonomische Kategorien und Strukturierungsverfahren für die Soziale Arbeit" werden nach Merchel (2006, S. 72) auch weiterhin zu einem integrativen Bestandteil der Gestaltung sozialer Einrichtungen und Dienste heranwachsen. Unter diesen Gesichtspunkten wird mit dieser Arbeit ein aus dem betriebswirtschaftlichen Kontext stammendes Management- und Qualitätsinstrument – die Balanced Scorecard – vorgestellt und auf seine Eignung für den Sozialbereich überprüft.

Die Balanced Scorecard (BSC – ausgewogener Berichtsbogen) ist ein zu Beginn der 90er-Jahre entwickeltes Managementinstrument, das bisher hauptsächlich in erwerbswirtschaftlichen Unternehmen eingesetzt wird. Mit diesem Instrument wird grundlegend davon ausgegangen, dass zur Steuerung und für den Erfolg von Organisationen in gleichem Maße Ziele bezüglich der Finanzen, der KundInnen, der internen Prozesse und des Lern- und Entwicklungspotenzials der Organisation zu setzen und zu erreichen sind. Die wichtigsten und zentralen strategischen Ziele der Organisation, die in einer Ursache-Wirkungsbeziehung stehen sollten, werden mit Maßgrößen und Zielvorgaben verbunden, anhand derer die Zielerreichung überprüft werden kann. Die notwendigen Maßnahmen zur Zielerreichung werden ebenfalls in der Balanced Scorecard festgehalten.

An sich ist die BSC als Managementinstrument bekannt. Da der Aspekt der Qualität der Leistungen Sozialer Organisationen derzeit einen zentralen Faktor in Managementkonzepten darstellt, wird mit dieser Arbeit auch überprüft, inwiefern die BSC ein qualitätsorientiertes Management unterstützt.

Wie weit der mit dem qualitätsorientierten Management verbundene betriebswirtschaftliche Terminus bereits Eingang in den Sozialbereich gefunden hat, stellt Schernus (1997, S. 21) in pointierter Form dar:

Rotkäppchen im Modul-Zeitalter

Eine marktorientierte, qualitätsgesicherte Übersetzung

Die Story beginnt fokussierend auf die Interaktion zweier Elemente eines familiären Subsystems: Mutter und Tochter.

Mutter: „Rotkäppchen, zu unserem familiären Network gehört Grandma. Ihre Produktionskraft ist zwar erlahmt, ihre Kaufkraft jedoch intakt. Sie kann Dienstleistungen zielorientiert in Anspruch nehmen und entsprechend vergüten. So trägt sie zur Stabilität unseres Gesamtsystems bei. Allerdings erzwingt ihr psychophysischer Gesamtzustand einigen Aufwand in den Betreuungsleistungen. Ein Fall von Case-Management. Nimm's in deine Hand. Bring ihr ein paar adressatengerechte Produkte."

Rotkäppchen: „Ziemlich top down gemanagt, Mum. Hast du in deinem Qualitätszirkel nicht gelernt, dass ein produktives Arbeitsklima einen dialogischen Führungsstil erfordert? Menschenbild überprüfen, Ma'am, don't forget it!"

Fortsetzung: Rotkäppchen im Modul-Zeitalter

Mutter (etwas affektiv dereguliert): „Damned kid! Grandma trägt effektiv zur Standardverbesserung deines Outlooks bei. Dein roter Hut hätte unsere Kaufkraft total überfordert."

Rotkäppchen: „Nicht gerade trendy, das Rot! Na denn, im Sinne von total business partnership übernehme ich die Prozessverantwortung für diesen kundenorientierten Service. Wie sieht dein Angebotsprofil eigentlich aus?"

Mutter: „Cake und eine bottle Jonny Walker."

Rotkäppchen: „Da war wohl die Bedürfnisorientierung dein zentrales Gestaltungsprinzip. ISO 9001, wenn ich nicht irre."

Mutter: „Vor allem: Prozessqualität vor Ergebnisqualität. Deshalb beweg dich. Besinn dich auf deine Innovationsfreundlichkeit, die Grandma so liebt, mein Kind, und geh das Projekt zielorientiert an. Und pass auf: Ohne critical pathways und practice guidelines kann der Weg zu enormen Fallverlusten führen."

Rotkäppchen: „O.k., Ma'am. Let us die Qualitätsdiskussion finishen. Das Procedere ist genannt, die Ergebnisrelevanz erkannt. Allerdings finde ich, dass Grandma fehlplatziert ist. Mitten im Wald, das ist doch gegen jedes Normalisierungsprinzip."

Mutter: „Vergiss nicht die modulbegleitende Kommunikation und sag Grandma guten Tag. Nur so kannst du die zufriedene Ausgeglichenheit bei ihr erzeugen, die gleichzeitig eine Weiterentwicklungsoption enthält. Weich in keinem Fall vom Projektstrukturplan ab, indem du modulüberschreitende Interessen zeigst."

Rotkäppchen: „Relax, Ma'am. Bin voll am Wert-Kosten-Quotienten orientiert."

So ging Rotkäppchen in die komplexe Natur (Wald) hinaus.

Da kam der böse hungrige Wolf und starrte sie voller Sozialneid an ...

Auch mit der Balanced Scorecard werden betriebswirtschaftliche Begrifflichkeiten aufgegriffen. Mit dieser Arbeit soll jedoch der Sprache und dem Wesen sozialer Arbeit insofern entsprochen werden, dass die BSC zum einen auf eine Art und Weise erläutert wird, dass sie auch den vorwiegend (sozial-)pädagogisch, soziologisch und psychologisch ausgebildeten Tätigen im sozialen Bereich verständlich ist, und zum anderen auch den Besonderheiten Sozialer Organisationen entspricht.

Die spannende Frage ist dabei: Ist der erste Eindruck, dass die BSC ein Managementinstrument ist, welches auch für soziale Organisationen Sinn macht, haltbar? Dieser Eindruck entsteht zunächst, da die BSC differenziert zu sein scheint: Nicht nur die Finanzen einer Organisation sollen zukunftsweisend gesteuert werden (können), sondern auch der Umgang mit Kunden, mit MitarbeiterInnen, mit dem Lern- und Entwicklungspotenzial der Organisation allgemein und den internen Geschäftsprozessen.

Zur Beantwortung dieser Frage und damit für die Untersuchung und Darstellung der Balanced Scorecard als Management- und Qualitätsinstrument im Kontext Sozialer Organisationen ergibt sich folgender Aufbau der Arbeit:

Die Darstellung und Abgrenzung der Institutionen, welche in der vorliegenden Arbeit unter Sozialen Organisationen verstanden werden, wird in Kapitel 1 („Management in Sozialen Organisationen") vorgenommen. Zudem wird in diesem Kapitel dargestellt, welche Spezifika Soziale Organisationen, zum Beispiel im Gegensatz zu erwerbswirtschaftlichen Unternehmen, aufweisen. Diese Besonderheiten und Strukturen der Organisationen stellen den Handlungsrahmen für das „soziale" Management dar und sind zudem der Kontext, auf den sich Überlegungen zur Qualität in dieser Arbeit beziehen. Daran anschließend wird das Management in Sozialen Organisationen erläutert, welches in der Regel als Sozialmanagement bezeichnet wird. Der Schwerpunkt liegt in der Darstellung dessen, wodurch sich das Sozialmanagement auszeichnet und welche Funktionen und Aufgaben durch das Management zu erfüllen sind. Dieses Kapitel verweist bereits indirekt darauf, welche Anforderungen sich an ein Managementinstrument für Soziale Organisationen stellen.

In Kapitel 2 („Aspekte der Qualität in Sozialen Organisationen") wird begründet, warum die Qualität in Sozialen Organisationen für diese derzeit ein zentrales Thema ist, was unter Qualität – vor allem im Kontext Sozialer Organisationen – verstanden werden kann und welche Eigenheiten sozialer Dienstleistungen den Qualitätsbestimmungen zugrunde liegen. Zudem wird explizit auf die Verbindung von Qualität und Management eingegangen. Die Erfüllung bestimmter Anforderungen und Aufgaben hinsichtlich der Qualität in Sozialen Organisationen wird als integraler Bestandteil des Managements verstanden.[1] Deutlich wird, welche Schwierigkeiten sich für das Management (und die MitarbeiterInnen) ergeben, wenn Qualität in Sozialen Organisationen definiert, erreicht und überprüft werden soll.

Davon ausgehend, dass eine Verbindung zwischen Qualität und Management grundsätzlich gegeben ist (auch wenn nicht ausdrücklich von Qualitätsmanagement gesprochen wird), wird in Kapitel 3 („[Qualitätsorientiertes] strategisches Management – Handlungsbasis der Balanced Scorecard") eine bestimmte Vorgehensweise des (qualitätsorientierten) Managements näher erläutert: das strategische Management. Mit der Erläuterung des strategischen Managements wird der direkte Bezugsrahmen für die Balanced Scorecard dargestellt, da diese als strategisches Managementinstrument in diesem Kontext zu verorten ist.

Über die Darstellung der „Entstehungsgeschichte" der Balanced Scorecard, durch die Erläuterung wesentlicher Begriffe und der grundlegenden Funktionen derselben als Managementinstrument, erfolgt mit Kapitel 4 („Die Balanced Scorecard – Grundlagen und Begriffe") die Einführung in die Balanced Scorecard.

Mit Kapitel 5 („Die Anwendung der BSC im Kontext Sozialer Organisationen") wird die Adaption der BSC auf den Sozialbereich vorgenommen: Es wird sowohl die grundlegende Eignung der BSC für Soziale Organisationen untersucht als auch die Anpassung des Aufbaus der BSC und bestimmter Inhalte an den Kontext dieser Organisationen vollzogen. Darüber hinaus wird die Entwicklung einer BSC für eine Soziale Organisation exemplarisch an einem BSC-Entwicklungsprozess der Betrieblichen Sozialarbeit der Siemens AG dargestellt. Mittels dieses praktischen Beispiels soll nicht – wie der Bezug zur Betrieblichen Sozialarbeit eventuell nahe legt – die ebenfalls interessante Frage nach den sozialen Auswirkungen der BSC für ein Wirtschaftsunternehmen diskutiert werden. Vielmehr wird die Betriebliche Sozialarbeit in Form einer „Sozialberatung" bzw. „MitarbeiterInnen-, Führungskräfte- und Teamberatung" im Rahmen dieser Arbeit als „klassische" soziale Einrichtung und das Unternehmen als Träger der sozialen Einrichtung verstanden. Zur Erweiterung des Verständnisses der Möglichkeiten der BSC wird deren Anwendbarkeit auf einen ganz anderen sozialen Dienstleistungsbereich dargestellt, indem exemplarische Inhalte einer BSC für den Bereich der Schule entwickelt werden.

Mit Kapitel 6 („Management- und Qualitätsfunktionen der BSC in Sozialen Organisationen") werden schließlich die Kapitel 1 und 2 aufgegriffen und untersucht, inwiefern die Balanced Scorecard zum einen dazu beitragen kann, Managementdefizite zu beheben bzw. deren Entstehen zu verhindern, und zum anderen, inwiefern das Management in seiner Funktion und Aufgabenerfüllung durch die BSC unterstützt wird. Des Weiteren wird diskutiert, ob die BSC den Anforderungen an ein Instrument für den Sozialbereich entspricht und damit auch, ob sie in Widerspruch zu den Aspekten des Sozialmanagements steht. Schlusspunkt dieses Kapitels ist die explizite Darstellung derjenigen Funktionen der BSC, welche diese als Qualitätsinstrument auszeichnen. Abgeschlossen wird die vorliegende Studie mit einem kurzen Resümee über die gewonnenen Erkenntnisse.

Mit der Intention der respektvollen Anrede beider Geschlechter wird in der vorliegenden Arbeit eine duale Sprachform verwandt. Diese zeigt sich – den LeserInnen – in der Schreibweise des großen „I".

Management in Sozialen Organisationen

1

1. Abgrenzung und Definition der Sozialen Organisation

Eine mögliche Herangehensweise für die Definition einer Sozialen Organisation ist es, sie von Institutionen (zum Beispiel Unternehmen) abzugrenzen, bei denen erwerbswirtschaftliche bzw. gewinnorientierte Ziele im Vordergrund stehen. Eine Differenzierung, die in der Regel durch die Bezeichnungen Nonprofit- bzw. Profit-Organisationen (PO) benannt wird. Das zentrale und namensgebende Merkmal des Begriffs der Nonprofit-Organisation (NPO), ist, dass die Gewinnorientierung nicht das vorrangige Ziel ihrer Arbeit darstellt, bzw., dass keine Gewinne an ihre Mitglieder ausgeschüttet werden (vgl. Burla 1989, S. 72). Der Begriff der Nonprofit-Organisation wird im Weiteren durch den Terminus „Not-for-Profit-Organisation" präzisiert. Damit wird der Nonprofit-Bereich insofern differenzierter beschrieben, dass zwar Gewinnmaximierung nicht Primärziel, Gewinnerzielung aber nicht ausgeschlossen ist – von der Nonprofit-Organisation als nicht gewinnmachende Organisation hin zur Not-for-Profit-Organisation als nicht gewinnorientierte, sondern versorgungsorientierte Organisation (vgl. Strachwitz 1997, S. 20). Im Zusammenhang damit, dass inzwischen wirtschaftliches Handeln, d. h. die effiziente Verwendung von Ressourcen, auch in Sozialen Organisationen als unerlässlich betrachtet wird, ist die Bezeichnung Not-for-Profit-Organisation sinnvoll, da mit ihr deutlich wird, dass eine Gewinnerzielung nicht Zweck der Organisation, aber beispielsweise für eine Wachstumsfinanzierung (Schaffung von Ressourcen) zweckmäßig bzw. notwendig ist (vgl. Berens/Karlowitsch/Mertes 2000, S. 23). Im Folgenden wird dem Akronym „NPO" der Grundgedanke der Not-for-Profit-Organisation zugrunde gelegt.

Unter dem Begriff NPO können die verschiedensten Institutionen subsumiert werden: So sind öffentliche Verwaltungen und Betriebe, Kammern, Wirtschaftsverbände, Sportvereine, politische Parteien und Hilfsorganisationen als NPOs zu bezeichnen. Den Begriff „Soziale Organisation" weiter differenzierend, werden im vorliegenden Kontext vor allem jene Organisationen bzw. Einrichtungen des Not-for-Profit-Bereichs den Überlegungen zugrunde gelegt, die das Sozialwesen und überschneidend das Bildungs- und Erziehungswesen als ihr Aufgabengebiet betrachten, und die auch als Moralunternehmen, soziale Dienstleistungsbetriebe oder personenbezogene Dienstleistungen bezeichnet werden (vgl. Schwarz 1996, S. 18 und Badelt 1999, S. 4). In Abgrenzung zu anderen NPOs herrscht nach Engelhardt (1995, S. 24) in *Sozialen* Organisationen das Ziel der Versorgung als Befriedigung von virulenten oder gesellschaftlich anerkannten Bedürfnissen vor, im Gegensatz zum Beispiel zu Zielen wie Herrschaft als Durchsetzung vorgegebener Ordnung, oder individuelle Lebensgestaltung im Sinne der Organisation von Tätigkeiten, die Menschen aus Spaß und Freude ohne Zweckgebundenheit vollziehen. Der Zweck der Sozialen Organisation ist primär „auf die Veränderung von Menschen beziehungsweise von menschlichen Verhältnissen und Bedingungen" (Giesecke 1989, S. 18) gerichtet und liegt in der Erbringung spezifischer Leistungen für/an Dritte(n) wie Hilfe, Beeinflussung, Förderung, Behandlung (vgl. Schwarz 1996, S. 25). Drucker (1992, S. 53) definiert die Besonderheit Sozialer Organisationen (bzw. NPOs) in ähnlicher und ebenfalls treffender Weise und zwar derart, dass die Leistungen über die eines „Lieferanten" hinausgehen, und Soziale Organisationen mit ihren Leistungen Teil des/der NutzerIn wird: „It [die Soziale Organisation] uses a service to bring about change in a human being ... It attempts to become a part of the recipient rather than merely a supplier."

Durch Soziale Organisationen werden soziale Aufgaben aus einem ganzheitlichen Lebens- und Arbeitszusammenhang ausgegliedert und in institutionalisierter Form durch Angehörige sozialer Berufsgruppen angeboten. Im Sozialbereich bieten Soziale Organisationen Leistungen in der Jugend-, Familien-, Sozial-, Alten-, Behinderten- und Gesundheitshilfe an, sind bildend tätig, wie auch im Rahmen von Beschäftigungsinitiativen, des Strafvollzugs und der Resozialisierung (vgl. Puch/Westermeyer 1999, S. 23). Als Träger Sozialer Organisationen kommen dabei sowohl öffentliche und freie Träger, wie auch Betriebe und Einrichtungen in Frage. Entsprechende Einrichtungen sind zum Beispiel Gesundheitsämter, Jugendzentren, Arbeitsämter (öffentlicher Träger), Kirchen, Spitzenverbände der freien Wohlfahrtspflege (freie Träger), Sozialdienste der Bundeswehr, Betriebskindergarten eines öffentlichen Krankenhauses, Betriebliche Sozialarbeit (Betriebe und Einrichtungen als Träger), Schulen (Staat, Kommunen oder private juristische Personen als Träger).

Die Definition und Abgrenzung von Sozialen Organisationen zu anderen Organisationen ist notwendig, da sich diese durch unterschiedliche Strukturen und Eigenschaften auszeichnen, welche letztendlich

Besonderheiten für das Management, die Bestimmung von Qualität und für die entsprechenden Instrumente zu deren Umsetzung nach sich ziehen.

2. Spezifika und aktuelle Tendenzen in den Rahmenbedingungen Sozialer Organisationen

Im Folgenden werden Eigenschaften und Besonderheiten Sozialer Organisationen herausgearbeitet und derzeitig damit verbundene Veränderungen und Tendenzen angesprochen. Dadurch wird deutlich, auf welche Eigenheiten Sozialer Organisationen bei der Übernahme betriebswirtschaftlicher Modelle, die sich mit Management und Qualität in Organisationen befassen, zu achten ist, um den typischen Zielsetzungen Sozialer Organisationen gerecht zu werden. In den nächsten Kapiteln erfolgt wiederholt explizit oder implizit der Verweis auf diese Besonderheiten, da sie bestimmte Strukturen, Prozesse, Vorgehensweisen etc. in Sozialen Organisationen begründen.

Zielsetzungen und Zielsystem Sozialer Organisationen

Grundlegend, und nicht nur für Soziale Organisationen geltend, können Zielsetzungen bzw. Ziele von Organisationen als Zwecke, um derentwillen eine Organisation gegründet wird und deren Erfüllung die Organisation erreichen möchte, definiert werden. Sie sind die Grundlage für die Organisationsleistungen, den Organisationszustand (insbesondere die Organisationsstruktur), die Organisationstätigkeit, die Selbstdarstellung und Rechtfertigung des Organisationshandelns, die Rekrutierung und Motivation der Organisationsmitglieder, der Beschaffung und Verteilung von Organisationsreserven und liefern den Erfolgsmaßstab für Leitung und Träger (vgl. Büschges/Abraham 1997, S. 94). „Analog zur arbeitsteiligen Struktur von Organisationen entsteht eine Menge von Zielen, die untereinander in einer logisch und faktisch – bedingt durch die organisatorischen Gründe – hierarchischen und/oder gleichrangigen Beziehung stehen. Die Menge der Ziele und dieser Relationen wird als *Zielsystem* [Hervorhebung im Original] bezeichnet" (Horak/Matul/Scheuch 1999, S. 154). Horak (1993, S. 165 ff.) unterscheidet verschiedene konstitutive Bausteine, welche das Zielsystem einer NPO bzw. einer Sozialen Organisation bilden: Die

Mission, Leistungswirkungsziele, Aufgaben/Leistungserbringungsziele, Anspruchsgruppen, Potenzial- und Verfahrensziele, sonstige Formalziele (qualitativ und quantitativ). Dabei wird deutlich, dass das Zielsystem einer sozialen Organisation nur bedingt mit dem eines gewinnorientierten Unternehmens vergleichbar ist, „obwohl beide die verschiedensten Zielgrößen von der Kunden- und Mitarbeiterzufriedenheit über Sachziele und ökologische Ziele bis hin zu monetären Zielen verfolgen" (Berens/Karlowitsch/Mertes 2000, S. 24). Die grundlegende Unterscheidung der Zielsysteme von NPOs und POs ergibt sich dabei daraus, dass in Sozialen Organisationen Sachziele vorherrschen, d. h., mit der Leistungserstellung wird die Bedarfsdeckung von Zielpersonen intendiert und nicht die Gewinnerzielung. Qualitative Ziele stehen anstelle von quantitativen Zielen im Vordergrund:

- Das *Oberziel* einer Sozialen Organisation – auch als Mission bezeichnet – bestimmt die „Richtung" und den Zweck bzw. Auftrag einer Organisation. Weitere Zielvorstellungen werden aus den Vorgaben der Mission abgeleitet.
- *Leistungswirkungsziele*, auch Beeinflussungsziele genannt, beziehen sich auf die Wirkung gewisser Leistungen bei den Anspruchsgruppen. Angestrebt werden Zustands- und Verhaltensänderungen, welche Drucker (1992, S. 53) als „changed human being" beschreibt. Die Zustands- und Verhaltensänderungen beziehen sich dabei nicht nur auf die direkten EmpfängerInnen (zum Beispiel Normalisierung der Lebensverhältnisse), sondern auch auf Änderungen zum Beispiel bei potenziellen Geldgebern (es wird (mehr) gespendet). Grundsätzlich werden Leistungswirkungsziele als qualitative Formalziele (siehe unten) verstanden. Um Wirkungen auslösen zu können, müssen Leistungen erbracht werden, die wiederum als
- *Leistungserbringungsziele* definiert werden. Leistungen sind zum Beispiel Aktivitäten, wie Beratungsgespräche oder konkrete Hilfestellungen, durch welche die von den Anspruchsgruppen gestellten Aufgaben gelöst werden.
- *Potenzialziele* sind Ziele bezüglich der für die zu erbringende Leistung und Wirkung notwendigen Ressourcen, wie zum Beispiel Finanzen, Personal, Räumlichkeiten.

- *Verfahrensziele* geben vor, auf welche Weise bzw. durch welche Prozesse bestimmte Leistungen durch bestimmte Potenziale erbracht werden (unterschieden werden Informationsziele, Verhandlungs- und Kooperationsziele).

- *Formalziele* benennen generelle Wertvorstellungen. In Sozialen Organisationen sind diese meist qualitativer Art[1] und werden durch die Forderung nach Effizienz oder Anpassungsfähigkeit etc. ausgefüllt.

- *Anspruchsgruppen* sind alle Personen und Institutionen, die gegenüber der Sozialen Organisation Vorstellungen bzw. Erwartungen bezüglich des Zwecks und der Leistung der Organisation vertreten. Es können interne und externe Anspruchsgruppen unterschieden werden, in welchen (wie auch in der jeweils eigenen Gruppe) differente Zielvorstellungen existieren können (vgl. Horak 1993, S. 146 ff.; Horak/Matul/Scheuch 1999, S. 154 ff.; Tweraser 1998, S. 437 f.). Anstelle bzw. synonym zu den Begriffen Anspruchs- bzw. Interessengruppen wird in der aktuelleren Literatur häufig der Terminus *Stakeholder* (von „to have a stake", übersetzbar mit „interessiert sein", „Anteil haben") verwandt. Dieser Begriff betont die notwendige enge Einbindung der Anspruchsgruppen, wie KlientInnen, MitarbeiterInnen, GeldgeberInnen, übergeordnete Verbände, in die Zielfindungs- und Entscheidungsprozesse. Durch die Einbindung der Stakeholder[2] soll eine möglichst anspruchsgruppenspezifische Nutzenschaffung erreicht werden.[3] Soziale Organisationen sind durch komplexe Beziehungen zu den Anspruchsgruppen geprägt. Zum einen erweist es sich als schwierig, eindeutige Kundenbeziehungen[4] zu definieren, zum anderen haben die unterschiedlichen Stakeholder differente Bedürfnisse, denen es möglichst gerecht zu werden gilt.

Operationalisierung und Quantifizierung von Zielen und Leistungen

Für Soziale Organisationen erweist es sich aufgrund der überwiegend qualitativen Komponenten von Formal- und Sachzielen generell als schwierig, Ziele und Leistungen zu operationalisieren und zu quantifizieren, was sich auch in der Ausgestaltung des Berichtswesens niederschlägt.

Das *Berichtswesen* (als Basis des Controlling) soll im Optimalfall wenig Einzelinformationen mit hohem Informationsgehalt integrieren. Im Berichtswesen müssen kostenrechnerische, Mengen-, Zeit- und – soweit möglich – Qualitätsdaten verarbeitet werden. Berichte[5] stellen damit den Ist-Zustand des Betriebsprozesses – die Leistungsdaten dar – und vergleichen diese mit den Budgetdaten bzw. den Plangrößen. So kann untersucht werden, ob und warum der Ist- vom Sollzustand abweicht. Häufig sind zwei Arten des defizitären Berichtswesens zu finden: Entweder entfällt das Berichtswesen komplett oder es werden zu viele, unübersichtliche oder irrelevante Daten aufgenommen (vgl. Kaspers 2000, S. 252 und Decker 1997, S. 535 ff.).

Die schwierige Operationalisierung der Ziele ist unter anderem dadurch bedingt, dass (sozial-)pädagogische Ziele häufig strategische Ziele sind: Sie sind zunächst so allgemein formuliert, dass einzelne pädagogische Handlungen nur durch unsichere Interpretationen diesen Zielen zugeordnet bzw. von daher legitimiert werden können (vgl. Giesecke 1989, S. 65). Zudem ist es sehr schwierig und teilweise kontraindiziert, Arbeitsabläufe (zum Beispiel Beratungs- oder Bildungsprozesse), die zu einem Ziel führen sollen, im Rahmen sozialen Handelns zu standardisieren: Sie „entziehen sich der in der gewinnorientierten Güterproduktion üblichen Standardisierung und genauen Berechenbarkeit, d. h. der Wiederholung gleichartiger vorher bestimmter Arbeitsabläufe; sie sind nur aspektweise nicht nach dem Schema wenn … dann zu definieren und in geschlossene Prozesse zu bringen …; sie sind vielmehr *prozessorientiert*" [Hervorhebung im Original] (Engelhardt 1999, S. 6). Das heißt, dass Planungen, Qualitätsüberlegungen etc. für bestimmte Bereiche flexibel zu gestalten sind, um der Einzigartigkeit bestimmter Situationen, Prozesse etc. gerecht werden zu können. Zugleich sehen Horak/Matul/Scheuch (1999, S. 157) eine gewisse Starrheit der Ziele, d. h. es sind weniger Wahlmöglichkeiten etwa bei der Auswahl der anzubietenden Dienstleistungen gegeben, da Ziele häufig aufgrund finanzieller oder politischer Abhängigkeiten determiniert sind. Damit sind sachzielorientierte Organisationen insofern unflexibler, als sie ihr Angebot an Gütern und Dienstleistungen nicht beliebig ändern können, da diesen durch gesellschaftliche Werte Grenzen gesetzt werden und sich Aushandlungen über Angebote immer im Rahmen gesellschaftlicher Werte und Normen zu vollziehen haben. Hieraus wird einerseits das Management gebunden, andererseits können auch häufig und unvermeidbar unüberbrückbare Spannungen zwischen gesellschaftlichen Werten/Normen einerseits und den Bedürfnissen/Wünschen der Beteiligten andererseits entstehen.

„Zentrale gesellschaftliche Werte sind nicht individualisierbar und verhandelbar, sie steuern vielmehr als Rahmenbedingungen die Aushandlungsprozesse zwischen Profis und Betroffenen" (Engelhardt 1999, S. 6).

Die Interessen und Ziele übergeordneter staatlicher, politischer oder privater Instanzen sind also zu beachten und in das Zielsystem mit einzubeziehen (Horak/Matul/Scheuch 1999, S. 158).

Zielsetzungen und deren Beschreibung sind für eine Organisation von enormer Bedeutung, da sie die Voraussetzung für Steuerungsschritte wie Personalführung, strategisches Management/Controlling/Qualitätsmanagement, Effizienz- und Effektivitätskontrolle, Finanz- und Investitionsplanung darstellen (vgl. Drude 1994, S. 147 und Wüstendörfer 1997, S. 34). Besonders unter dem Gesichtspunkt des strategischen Managements, und angesichts dessen, dass Qualitätsbestimmungen ohne die Festlegung von Zielen nicht möglich sind (vgl. Horak/Matul/Scheuch 1999, S. 153), sind Zielsetzungen in dieser Studie von Bedeutung und werden auch in diesem Sinne mit der Balanced Scorecard aufgegriffen.

Die Priorität von Sachzielen gegenüber der Gewinnerzielung zwingt in der Regel dahingehend zu einer Unterscheidung in der *Finanzierungsstruktur*, dass Einnahmen der Sozialen Organisation weniger aus Umsätzen resultieren, sondern mehr aus staatlichen Zuwendungen, Stiftungserträgen, Mitgliedsbeiträgen, Spenden und Sponsorengeldern. Die derzeitige Situation vieler Sozialen Organisationen bzw. Einrichtungen ist durch die Verknappung von Mitteln geprägt; die Einrichtungen sind gezwungen, trotz finanzieller Einschränkung eine zunehmende Aufgabenvielfalt abzudecken. Damit nimmt der finanzielle sowie der Leistungs- und der Rechtfertigungsdruck in Sozialen

Organisationen zu. Es werden nicht, wie früher, benötigte bzw. angeforderte finanzielle Mittel mit der Unterstellung zur Verfügung gestellt, dass diese wirtschaftlich und im Sinne der anstehenden Aufgaben verwandt werden, und ohne die Arbeitsergebnisse eingehend zu überprüfen. Mit der Erkenntnis, dass Soziale Organisationen nicht immer kostenbewusst handeln, wird verstärkt Einfluss auf die inhaltliche und wirtschaftliche Wirksamkeit sozialer Einrichtungen genommen (zum Beispiel durch Gesetze) und entsprechendes Handeln in den Einrichtungen gefordert. Die anhaltende Knappheit von Mitteln erfordert zum einen die Überprüfung der Arbeitsprozesse hinsichtlich der Arbeitseffektivität der MitarbeiterInnen, wobei die Effektivitätskriterien anders bestimmt werden (müssen) als in der Wirtschaft. So verstößt zum Beispiel Gewinn durch Effektivität nicht grundsätzlich gegen Prinzipien der Sozialen Organisationen (wie zum Beispiel Humanität etc.), darf aber nicht Oberziel sein, genauso wie der ökonomische Einsatz von Mitteln nicht nur kurzfristig gesehen werden darf, sondern der Präventionsgedanke[6] zu implizieren ist (vgl. Engelhardt 1999, S. 2 und Gehrmann/Müller 1999, S. 46 ff.). Zum anderen zwingt die Mittelknappheit, zum Beispiel durch Rückzug der öffentlichen Hand, andere Finanzierungsquellen zu finden und die Mittelbeschaffung zu einem zentralen Thema zu machen.

Unter anderem durch die instabile finanzielle Absicherung oder die verstärkten Anforderungen an die Qualität der sozialen Dienstleistungen werden Soziale Organisationen generell mehr und mehr aus geschützten Bereichen entlassen und stehen in Wettbewerbssituationen. Dadurch nimmt ihre Krisenanfälligkeit zu, die durch ein gezieltes Managementvorgehen erkannt und kompensiert werden muss. Gerade die bislang völlig fehlenden Marktmechanismen werden als Grund dafür gesehen, dass lange Zeit eine zielgerichtete Planung, Steuerung und Kontrolle nicht zwingend erforderlich waren und in Sozialen Organisationen dadurch ein erhebliches Steuerungsdefizit erkennbar ist (vgl. Berens/Karlowitsch/Mertes 2000, S. 23).

Wettbewerb bedingt neue bzw. veränderte Konkurrenzsituationen. Neben der Konkurrenz zwischen Sozialen Organisationen um Spenden und (ehrenamtliche) MitarbeiterInnen sind auch Konkurrenzbeziehungen zum Beispiel zur Privatwirtschaft vorhanden. Das heißt, es lässt sich feststellen, dass die Grenzen zwischen Profit- und Not-for-Profit-

Bereich verschwimmen und dadurch neue Formen von Konkurrenz entstehen, so zum Beispiel private Pflegedienste, private Betreuungen.

Damit erhalten auch Überlegungen zum Thema *Qualität* eine neue Dimension. Nicht nur ein generelles Streben um Verbesserung von Leistung zugunsten der Kunden ist von Bedeutung, sondern auch eine verbesserte Ausgangslage im Konkurrenzkampf (auf das Thema Qualität wird gesondert in Kapitel 2 eingegangen).

Trotz dieser Entwicklung bleiben Unterschiede zwischen Profit- und Not-for-Profit-Bereich erkennbar. Bei der profitorientierten Unternehmung erfolgt die Steuerung der Organisationsentscheide durch eine „bedingungslose" Orientierung am Markt, am Kunden und dem Konkurrenzverhalten anderer Unternehmen, während in Sozialen Organisationen teilweise deren Mitglieder über die „Zuteilung" und Bereitstellung von Leistungen entscheiden. Leistungen werden im Rahmen vorhandener Mittel bedürfnisorientiert zugeteilt und können zudem staatlich normiert sein.

Das heißt: Auch bei der Bedarfsdeckung der KundInnen deckt die Soziale Organisation nicht lediglich den Fremdbedarf von NachfragerInnen auf dem Markt, sondern deckt den (unterstellten) Bedarf von KlientInnen, teils unter deren Abhängigkeit und Benutzungszwang.

Betrachtet man die *produzierten Güter* von Profit-Unternehmungen, produzieren diese nur private, marktfähige Individualgüter,[7] die (ausschließlich) vom einzelnen Käufer genutzt werden können. Auch Soziale Organisationen produzieren Individualgüter im Sinne einer Dienstleistung für die KlientInnen, wobei diese häufig selbst an der Dienstleistungserstellung mitwirken. Im Kontext der Förderung und Interessenvertretung ganzer KlientInnengruppen und bei der Beeinflussung von Zielgruppen werden jedoch auch Kollektivgüter produziert (vgl. Schwarz 1996, S. 25 f.).

Das *Personal* einer NPO konstituiert sich über hauptamtliche MitarbeiterInnen hinaus durch ehrenamtliches Personal. In diesem Kontext stellt auch „der" Wertewandel eine Herausforderung für das Management dar, da Werte und Traditionen an Einfluss verlieren, die zum Beispiel im Bezug zum Spendenverhalten und in der Bereitschaft zu ehrenamtlicher Tätigkeit stehen und nun nachlassen. Viele Soziale Organisationen sind jedoch auf ehrenamtliche Mitarbeit angewiesen, der Konkurrenzkampf um dieselbe verschärft sich dadurch, die Personalsituation wird schwierig. Zudem ergeben sich aus der Beschäftigung von Ehrenamtlichen Schwierigkeiten in der Feststellung der Effektivität einer Sozialen Organisation, zum Beispiel durch die schwierige kostenrechnerische Bewertung und der damit verbundenen Controllingprozesse (vgl. Berens/Karlowitsch/Mertes 2000, S. 24 und Horak/Matul/Scheuch 1999, S. 158 sowie Kapitel 1, Abschnitt „Konzepte und Merkmale des Sozialmanagements").

Die *technologische Entwicklung* ist auch für soziale Dienstleistungen von Bedeutung: Diese wird mehr und mehr Teil der Aufgabenbewältigung, entsprechende Rahmenbedingungen und Kenntnisse müssen durch das Management bereitgestellt werden. Gleichzeitig nimmt der Zeitdruck zu. Moderne Informations- und Kommunikationstechnologie ermöglicht eine rasche Informationssammlung, bedingt dadurch aber auch schnellere Entscheidungen, sodass immer effizienter unter immer höherem Zeitdruck gearbeitet werden muss. Informationen sind dabei auch innerhalb einer NPO die entscheidende Basis für das Handeln. Gemeint sind die entscheidungsorientiert gestalteten, quantitativen und qualitativen Informationen, die das Management zum (raschen) Handeln befähigen (vgl. Horak/Heimerl-Wagner 1999, S. 142 f.).

3. Management – Definition

Die Balanced Scorecard wird in dieser Studie unter anderem als Managementinstrument erörtert. Hierfür ist grundlegend zu definieren, was unter Management zu verstehen ist und welche Aspekte des Managements in dieser Arbeit besonders betrachtet werden.

Management wird im Folgenden, in Abgrenzung zum institutionellen[8] Management, als ein funktionales Subsystem begriffen:

> „In diesem Sinne umfasst dann das Management alle Steuerungsvorgänge, die notwendig sind, die verschiedenen Einzelaktivitäten in einer Unternehmung auf ein übergeordnetes Ziel zu koordinieren" (Corsten 1992, S. 546).

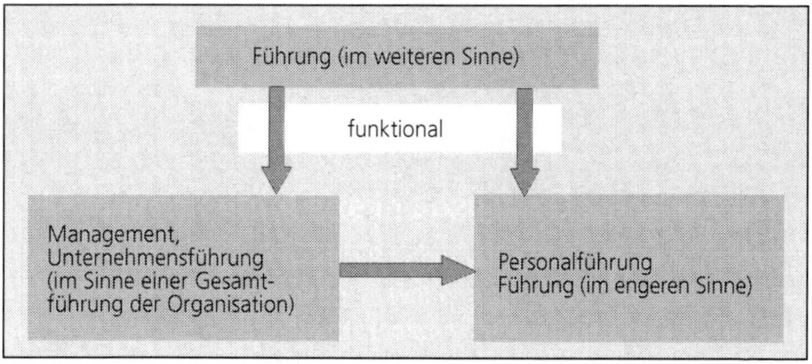

Management und Führung. *Quelle:* Bettina Stoll

Die zahlreichen aus der Betriebswirtschaft stammenden Definitionen zur näheren Bestimmung des Begriffes Management, die inhaltlich eine sehr große Ähnlichkeit aufweisen, können nach der unterschiedlichen Betonung bestimmter Schwerpunkte differenziert werden. So werden teilweise mehr die Funktionen des Managements, die Ziele, die durch das Management erreicht, Ressourcen, die aktiviert werden sollen, oder die notwendige Betrachtung der Organisation als System betont. Der betriebswirtschaftliche Managementbegriff wird für die vorliegende Arbeit mit Rogers (1975, S. 256) konkretisiert. Demnach ist Management „… the planning, organizing, directing, and controlling of the firm's activities in order that objectives may be achieved effectively and economically".

Bevor die Managementfunktionen und -aufgaben, die bereits in Rogers' (1975) Definition enthalten sind, näher thematisiert werden, wird mit den folgenden Abschnitten zunächst das Management in Sozialen Organisationen, d. h. das Sozialmanagement, näher betrachtet, um die weiteren Ausführungen speziell auf den sozialen Kontext beziehen zu können.

4. Konzepte und Merkmale des Sozialmanagements

Aus den in Kapitel 1 erläuterten Spezifika Sozialer Organisationen muss ein spezifisches Management resultieren. Dieses Management, welches die Beachtung der Besonderheiten Sozialer Organisationen intendiert, wird in der Regel als Sozialmanagement bezeichnet. Dabei fällt auf, dass mit dem Begriff des Sozialmanagements, das – nach ersten Veröffentlichungen zu diesem Thema Anfang der 80er-Jahre – verstärkt seit Ende der 80er-Jahre diskutiert wird (vgl. Müller-Schöll/Priepke 1989), unterschiedliche Akzentsetzungen verbunden werden. Nach Kühn (1995, S. 38) sollte unter Sozialmanagement ein „Arbeitsbegriff, der auf die Bedeutung der Verbindung von Managementwissen der Industrie und sozialen Einrichtungen und Diensten hinweisen will", verstanden werden. Historisch und nach Ausrichtung der Konzepte können folgende Schwerpunkte und Verschiebungen in den Sozialmanagementkonzepten dargestellt werden:

- Die Frühphase der Sozialmanagementdiskussion wird mit einem *sozialtechnologischen, rein betriebswirtschaftlichen Ansatz* beschrieben, dessen zentrales Element die alleinige Erhöhung der Effizienz war, oft ohne Beachtung der (sozial-)pädagogischen Ziele und Handlungskompetenzen. Verbessert werden sollten zum Beispiel das Rechnungswesen, die Managementqualifikationen der Leitungskräfte oder es sollten Weiterbildungsangebote mit modernem informations- und kommunikationstechnologischem Inhalt für MitarbeiterInnen bereitgestellt werden.

- Das *sozialplanerisch orientierte Sozialmanagement* betont die Notwendigkeit der sozialplanerischen Kompetenzen, die in Beziehung zu Organisationsproblemen in der Sozialadministration stehen.

- Der *gruppendynamische bzw. kommunikationsfördernde (rollentheoretische) Ansatz*, der sich nur an Führungskräfte richtet, stellt die Notwendigkeit der Förderung einer produktiven Teamarbeit sowie die Sprach- und Ausdrucksfähigkeit der Führungskraft in den Vordergrund.

- Der jüngere *systemische Sozialmanagementansatz* bezieht sich nicht nur auf das Topmanagement, sondern auf das ganze System der Organisation und damit auch auf die Durchführungsebene. Alle MitarbeiterInnen sind zu beteiligen. Die Organisation wird als lebendiges System verstanden.

> „Dabei wird zunächst das Binnenverhältnis aus verschiedenen Subsystemen (zum Beispiel Geschäftsstellen, dezentrale Dienste) gesehen, das Verhältnis zu anderen Systemen wie Lebenswelten der Klienten, Stadtteilen etc. analysiert sowie als Rahmenbedingungen die Beeinflussungen durch gesellschaftliche Prozesse (Sozialstaatsentwicklung) miteinbezogen" (Kühn 1995, S. 41).

- Der weit gefasste *ganzheitliche, sozialökologische Ansatz* bezieht sich auf eine innovative Organisationsentwicklung (OE). Sozialmanagement und OE werden nicht abgegrenzt. Es wird zwischen interner (zum Beispiel Definition des Leitbildes, Zielformulierung, Aufgabendefinition etc.) und externer Organisationsentwicklung (Kooperation der Dienste im Stadtteil, Vernetzung und Dezentralisierung etc.) unterschieden. Ganzheitlich bedeutet, dass die internen Strukturen verändert werden, zum Beispiel durch Teamarbeit, Abbau von Hierarchien oder Transparenz des Informationsflusses. Die sozial-ökologische Komponente bezieht sich zum Beispiel auf die Partizipation der KlientInnen, ihrer Alltags- und Lebensweltorientierung, die Stärkung des Selbsthilfepotenzials und den Abbau von Fremdbestimmung (vgl. Kühn 1995, S. 40 f.).

Mit Hoefert (1990, S. 3) können zusammenfassend verschiedene Schwerpunkte bzw. Merkmale des Sozialmanagements benannt werden: Das Führungs- (bzw. Management-)merkmal bezieht sich auf die Frage, wie sich speziell die Institutionen des Sozialwesens führen und gestalten lassen; weitere Schwerpunkte des Sozialmanagements zeigen sich in der Frage, wie Soziale Organisationen wirtschaftlich(er), d. h. effizient(er) und effektiv(er) gemanagt werden können (Haushaltsmerkmal), wie die Innenorganisation im Hinblick auf MitarbeiterInnen und die Klientel human organisiert (Sozialmerkmal) und wie eine Institution des Sozialwesens ihren eigenen sozialpolitischen, ethischen Zielsetzungen am besten gerecht werden kann (Zielmerkmal).

Aktualisierend kann das „Qualitätsmerkmal" hinzugefügt werden, mit dem die Aufgabe des Sozialmanagements benannt wird, qualitätsrelevante Aspekte zu erkennen und die Steuerung der Organisation qualitätsorientiert umzusetzen.

Das „Soziale“ des Sozialmanagements

Nach Müller-Schöll/Priepke (1989, S. 11) „ist das Konzept des Sozialmanagements der Versuch, sowohl die Ansprüche ‚der' Ethik[9] sozialer Arbeit in den Strukturen ihrer Organisationen einzulösen (‚sozial') als auch die Effektivität sozialen Handelns methodisch und systematisch zu verbessern (‚Management')." Engelhardt (1999, S. 4 f.) ergänzt diese ursprüngliche Definition von Müller-Schöll/Priepke im aktuellen Verständnis von Sozialmanagement durch weitere Gesichtspunkte, sodass folgende Aspekte das Sozialmanagement kennzeichnen. Erstens ist „sozial" im ethisch-moralischen Sinn zu verstehen: Sozialmanagement ist auf der Basis eines auf der Achtung der Person beruhenden positiven Menschenbildes[10] zu betreiben, sowohl, was die KundInnen/KlientInnen als auch die MitarbeiterInnen der Organisation betrifft. Zweitens kennzeichnet „sozial" ein spezifisches Arbeitsfeld: Sozialmanagement muss als sozialbereichsspezifisches Management betrieben werden, d. h. für den Kontext Sozialer Organisationen sind nur Konzepte und Instrumente des (betriebswirtschaftlichen) Managements tauglich, die sich auf die Eigenheiten Sozialer Organisationen (siehe Kapitel 1, Abschnitt „Spezifika und aktuelle Tendenzen der Rahmenbedingungen Sozialer Organisationen") übertragen lassen und die zur Bewältigung der durch und in Sozialen Organisationen entstehenden Probleme beitragen. Als letzter Aspekt ist „sozial" im Sinne der Aktivierung der in den beteiligten Menschen liegenden Fähigkeiten zu interpretieren: Sozialmanagement intendiert unter dem Stichwort des Empowerment die Entwicklung der in den MitarbeiterInnen, NutzerInnen und anderen Betroffenen liegenden Fähigkeiten und anderer Qualifikationen sowie deren Optimierung für die Problembewältigung.[11]

Sozialmanagement umfasst dementsprechend „alle Bemühungen, unter bewusster Einbeziehung ethischer Aspekte, der Besonderheiten der sozialen Einrichtungen und der Fähigkeiten aller Beteiligten, Ziele und darauf bezogene Arbeitsabläufe (Schlüsselprozesse) einer Einrichtung zu optimieren" (Engelhardt 1999, S. 5).

Im weiteren Verlauf der Arbeit werden die Begriffe Sozialmanagement und Management synonym verwandt. Management wird immer vor dem Hintergrund der Sozialen Organisation betrachtet – es sei denn, es wird gesondert darauf hingewiesen.

Grundlegende Managementfunktionen und -aufgaben

Koontz/O'Donnell (1964, S. 38 ff.) benennen fünf Managementfunktionen: Planung, Organisation, Personaleinsatz, Führung und Kontrolle (Controlling). Diese Aspekte gelten als klassische Managementfunktionen für Profit- und Not-for-Profit-Organisationen. Im Managementprozess sind diese Funktionen als Phasen im Sinne einer dynamischen, aufeinander aufbauenden Abfolge von Aufgaben zu verstehen.

- Die *Planung* umfasst die langfristig ausgelegte strategische Planung sowie die kurzfristige operative Planung. Durch die strategische Planung werden grob strukturiert Aufgaben und Ziele für mehrere Jahre festgehalten, sie bezieht sich dabei auf Vision und Leitbild der Einrichtung. Durch die operative Planung werden die Vorgaben der strategischen Planung in differenzierte und messbare Pläne umgesetzt.
- *Organisation* meint eine sinnvolle Arbeitsteilung und -zuweisung für die einzelnen Abteilungen und Stellen, die Koordination der Abteilungsbeziehungen (Organigramm) und strukturiert regelmäßig wiederkehrende Arbeitsabläufe.
- Der *Personaleinsatz* beschreibt die Besetzung der in der Organisation geschaffenen Stellen von der einmaligen Stellenbesetzung bis hin zur fortwährenden Sicherstellung und Erhaltung der Humanressourcen mit den Aufgaben der Personalbeurteilung und der Personalentwicklung.
- Unter *Führung* im engen Sinne werden die Maßnahmen verstanden, die zur Entwicklung und Förderung der Ressourcen der MitarbeiterInnen beitragen (zum Beispiel durch Motivation, Kommunikation, Führungsstil), die Ergebnisverantwortung gegenüber anderen Führungskräften, Abteilungen etc., sowie die Initiierung und Begleitung von Leitbilddiskussionen und die Integration von Einrichtungs- und MitarbeiterInnenpotenzialen zu einem Gesamtbild (Corporate Identity).
- Durch *Controlling* (Steuerung, Überwachung) werden die tatsächlichen Ergebnisse mit den in der Planung festgelegten Vorhaben verglichen. Abweichungen im Soll/Ist-Vergleich sind Maßstab bzw. Hinweise für Korrekturen, grundsätzliche Planungsrevisionen bzw.

Ausgangspunkt für die Neuplanung und den damit neu beginnenden Managementprozess (vgl. Steinmann/Schreyögg 1997, S. 8 ff.). Grundlage des Controlling ist ein entsprechendes Datenwerk, bestehend aus relevanten Informationen für die Steuerung der Organisation.

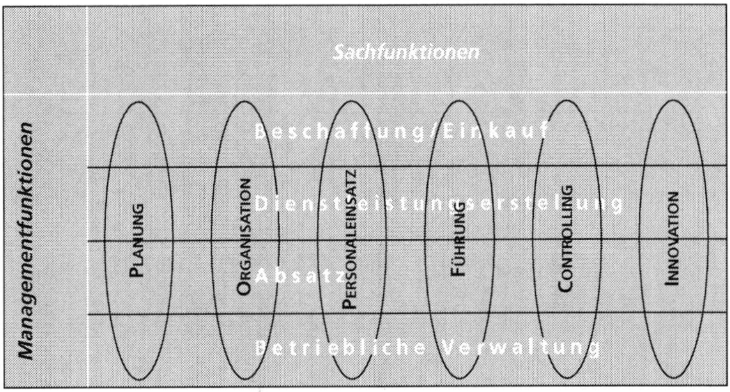

Management- und Sachfunktionen. *Quelle:* Bettina Stoll (vgl. auch Puch/Westermeyer 1999, S. 29)

Puch/Westermeyer (1999, S. 27 ff.) benennen in Ergänzung zu Steinmann/Schreyögg darüber hinaus Innovation als eine grundlegende Funktion des (Sozial-)Managements. Verändert sich die Umwelt und damit die Rahmenbedingungen der Organisation, müssen entsprechende Veränderungsprozesse in der Organisation initiiert werden:

- „*Anpassung* an sich verändernde Umfelder, Anforderungen, Verhältnisse,
- durch Erarbeiten von für die NPO *neuen* Zielen, Leistungen, Verfahren, Ressourcen,
- gekoppelt mit *Abbau von Widerständen* bei Betroffenen und ihrer Unterstützung bei der *Umstellung*, Umsetzung
- durch akzeptanzorientierte Prozess- und Ergebnis-*Promotion* [Hervorhebungen im Original]" (Schwarz/Purtschert/Giroud 1999, S. 64)

Die Managementfunktionen durchdringen den Leistungserstellungsprozess und steuern die Sachfunktionen (die Aufgaben des Betriebs bzw. der Organisation, die benötigt werden, um die Diensteerstellung und -verwertung durchzuführen) und deren Koordination in der sozialen Dienstleistungsorganisation.

Sachfunktionen wie die Beschaffung sorgen für die technischen (zum Beispiel Fahrzeuge, EDV) und personellen Ressourcen, die für die Erstellung der Dienstleistung notwendig sind. Der Schwerpunkt sollte dabei auch auf der Beachtung effizienter Lieferantenbeziehungen (zum Beispiel rechtzeitige, kostengünstige Lieferung) liegen. Der Bereich der Dienstleistungserstellung integriert Überlegungen, wie hochwertige Dienstleistungen erbracht werden können. Im Kontext Sozialer Organisationen ist dabei besonders auf die Fachlichkeit der sozialen Arbeit zu achten. Die Dienstleistungserstellung impliziert die Arbeitsvorbereitung (Auftragsannahme, Disposition, Kapazitätsplanung, Diensteseuerung) – mit ihr werden die personellen, materiellen und informationellen Voraussetzungen für die Dienstebereitstellung geschaffen; zudem die Leistungserstellung (Logistikplanung, Einsatz, Qualitätssicherung), die Einsatzmittel an den Einsatzort bringt und dort auch wieder abzieht, die Durchführung der Dienstleistung (zum Beispiel Beratung) und die Überprüfung der Leistung. Der Absatz schafft die Voraussetzungen dafür, dass Leistungen in Anspruch genommen werden (können), eine wesentliche Funktion übernimmt dabei das Marketing. Aufgaben sind zum Beispiel Marktforschung, Produktentwicklung, Werbung und Öffentlichkeitsarbeit. Die betriebliche Verwaltung wie die Finanzbuchhaltung erbringen interne Dienstleistungen, die zur Aufrechterhaltung des Gesamtbetriebes notwendig sind, in diesem Kontext übernimmt das Controlling eine wesentliche Funktion (siehe Kapitel 6, Abschnitt „Managementfunktionen und -aufgaben als Ansatzpunkte der BSC", vgl. Puch/Westermeyer 1999, S. 27 ff. und Decker 1997, S. 119 ff.).

Entsprechend den Managementfunktionen ergeben sich nach Engelhardt (1999, S. 8), sowie Gehrmann/Müller (1999, S. 51 ff.) für das Management die folgenden interdependenten Teilaufgaben:

- Bestimmung, Überwachung und periodische Aktualisierung der Einrichtungsziele und Dienstleistungen,

- Entwicklung zielführender Arbeitsabläufe (Schlüsselprozesse) einschließlich geeigneter Verfahren der Erfolgskontrolle/Evaluation,
- Optimierung der Organisationsstruktur für die Durchführung der Schlüsselprozesse,
- Verbesserung der Effizienz[12] der Einrichtung und der Effektivität der Arbeit,
- Innovationsfähigkeit herstellen und erhalten, Flexibilität gegenüber den Anforderungen und Bedürfnissen von KlientInnen/ Kunden,
- Fortlaufende Qualifizierung der MitarbeiterInnen durch Maßnahmen der Personal- und Organisationsentwicklung,
- Regelmäßige Kommunikation mit den Partnern der jeweils relevanten Umwelt: NutzerInnen/Betroffenen, Trägern, Zuschussgebern, Fachöffentlichkeit etc.

Die ManagerInnen im Sozialmanagement

Für den sozialen Bereich wird des Öfteren darauf hingewiesen, dass Management nicht nur als Topmanagement[13] zu sehen ist. Hierfür werden verschiedenen Argumente aufgeführt: Wird unter Management eine zielbezogene Koordinationstätigkeit verstanden, ist zum Beispiel auch die Sozialpädagogin Managerin, die im Einzelfall ein behördliches Zusammenspiel bei der Unterbringung eines Klienten organisiert (Konzept des „Fallmanagements"), oder ein Projektgruppenleiter, welcher die Aufgaben der Mitglieder organisiert (Konzept des „Projektmanagements) (vgl. Hoefert 1990, S. 4).

Puch/Westermeyer (1999, S. 18f.) sehen in der Hinwendung zu wirtschaftlichem Denken und in der Verwendung von betriebswirtschaftlichen Managementinstrumenten eine Herausforderung, die auch die MitarbeiterInnen vor Ort in ihrer Arbeit trifft. Managementinstrumente bleiben deshalb nicht auf Führungs- und Leitungskräfte in Einrichtungen beschränkt, sondern Managementwissen wird an jedem Arbeitsplatz benötigt. Begründet wird die Notwendigkeit des Managementwissens für „Jede(n)" auch damit, dass Soziale Organisationen häufig kleine Organisationen sind, in denen eine Vermischung von Fach- und Managementaufgaben festzustellen ist und andererseits in modernen Organisationen auch häufig die Delegation von Verantwortlichkeiten an ausführende MitarbeiterInnen intendiert wird. Aus diesem Grund muss das Managementwissen größer werden, wenn auch die Anteile an Sachfunktionen unterschiedlich verteilt bleiben bzw. ein bestimmtes Maß an Aufgaben und Rollenverteilung vorausgesetzt werden muss (vgl. Lotmar/Tondeur 1999, S. 33).

In dieser Studie wird das Managementinstrument BSC vor allem aus der Sicht des Topmanagements betrachtet. Es wird jedoch auch aufgezeigt, inwiefern die ausführenden MitarbeiterInnen in ihrer Arbeit von diesem Instrument betroffen sind und wie sie es für sich einsetzen können. Zudem wird deutlich, dass die BSC grundlegend der Durchdringung der gesamten Organisation durch das Management entspricht.

5. Managementdefizite in Sozialen Organisationen

Obwohl es als notwendig und stringent betrachtet werden kann, dass auch Soziale Organisationen – wenn auch unter Beachtung ihrer Besonderheiten – gemanagt werden müssen (zum Beispiel, um destruktive Konflikte zu vermeiden, mehr Transparenz zu erhalten, effektivere Zusammenarbeit sicherzustellen oder um durch Strukturen Sicherheit für die Beteiligten zu schaffen), ist dies im Kontext sozialer Dienstleistungen und sozial Handelnder keineswegs selbstverständlich. Nach Albinus (1999, S. 134) kommen die meisten Untersuchungen zu dem Ergebnis, dass in einer Vielzahl von NPOs entweder ein schlecht ausgereiftes oder gar kein Managementsystem anzutreffen ist.[14] Gleichzeitig kann nach Bader (1999, S. 15 f.) derzeit von einer Konjunktur des Sozialmanagements gesprochen werden. Sozialmanagement wird vermehrt an Universitäten und Fachhochschulen als Lehrfach bzw. als spezieller Studiengang mit entsprechenden Abschlüssen angeboten, außerdem werden in sozialen Einrichtungen zunehmend MitarbeiterInnen mit Kenntnissen aus dem Bereich des Sozialmanagements gesucht.

Gründe für ein Managementdefizit

Es können in Anlehnung an und Ergänzung zu Horak/Heimerl-Wagner (1999, S. 140) verschiedene Gründe für ein Managementdefizit genannt werden, die zu großen Teilen aus den in Kapitel 1, Abschnitt „Spezifika und aktuelle Tendenzen in den Rahmenbedingungen Sozialer Organsationen") erläuterten Besonderheiten Sozialer Organisationen resultieren bzw. zu diesen in Bezug zu setzen sind (vgl. zur Auflistung auch Brülle/Altschiller 1992, S. 53):

- Die Besonderheiten bzw. komplexen Problemstellungen an sich sind mit herkömmlichen Managementmethoden und -instrumenten kaum zu bewältigen.
- Der nur bedingt wirksame „Wettbewerb in einigen Bereichen schafft dem Management Freiraum und erklärt eine Einstellung, die nicht ‚businesslike' ist. NPOs agieren oft in Nischen, die weder vom Staat noch durch Unternehmen abgedeckt werden". Gleichzeitig fehlt noch ein Management, das den Wettbewerbsgedanken zwischen Sozialen Organisationen abdeckt.
- Mangelnde Gestaltungsmöglichkeiten für das Management durch nicht klar definierte oder fehlende Kompetenzen.
- Die Ausbildung der Manager in Sozialen Organisationen entspricht noch nicht den notwendigen Anforderungen. Viele dieser Organisationen werden von Personen geführt, die grundsätzlich eine ganz andere Ausbildung genossen haben (zum Beispiel SozialpädagogInnen, PädagogInnen, PsychologInnen, SoziologInnen). Notwendige Zusatzqualifikationen fehlen teilweise noch.
- Auf der Leitungsebene sind ehrenamtliche Repräsentanten zu finden, sodass es zu einem Professionalitätsgefälle kommt, das zu Konflikten führt. Diese Konflikte können auch entstehen, wenn nicht-soziale Berufsgruppen (zum Beispiel BetriebswirtschaftlerInnen) die Organisation führen.
- Die Ziele der Sozialen Organisationen sind schwer bestimmbar, Zielvereinbarungsprozesse werden nicht in Angriff genommen bzw. scheinen bei bereits bekannten und eingeführten Wirkungsfeldern von Sozialen Organisationen nicht mehr explizit notwen-

dig. Die Leistungen des Managements sind somit auch schwer zu beurteilen.

- Die Haltung mancher Führungskräfte in NPOs, die ihre Organisation nicht als Teil des Wirtschaftslebens sehen und Management daher auch nicht für notwendig halten.
- Teilweise wachsen Soziale Organisationen unvorbereitet, was die Risiken des Missmanagements vergrößert.

Neben den oben genannten, überwiegend strukturellen Aspekten, die ein fehlendes bzw. ein Missmanagement begünstigen, können Gründe für dieses in den im sozialen Bereich Tätigen bzw. in deren Einstellung gefunden werden. Es wurde auf die Einstellung mancher Führungskräfte hingewiesen, die wegen der anscheinend nicht vorhandenen Verbindung von Wirtschaft und Sozialer Organisation Management nicht für notwendig halten. Dem entsprechen Vorstellungen sozialer Berufsgruppen bzw. deren VertreterInnen, wie PädagogInnen und SozialpädagogInnen, darüber, dass soziales Handeln nicht überprüfbar und nach wirtschaftlichen Kriterien zu beurteilen sei. Mit dem Sozialen wird das „Reich des Guten", der Moral, des Altruismus und Idealismus verbunden; mit Management, eng verbunden mit dem Begriff der Wirtschaftlichkeit, das „Reich des Bösen", der ausschließlichen Gewinnorientierung ohne Moral (vgl. Hanfland/Spinola 1997, S. 66). Es kann weiter davon ausgegangen werden, dass Soziale Organisationen, nicht nur von KlientInnen, sondern auch von den sozial Tätigen als Alternative zu marktwirtschaftlichen Bereichen ausgesucht werden, um damit auch die Konfrontation mit der Betriebs- und Marktwirtschaft bewusst zu vermeiden (vgl. Dettling 1997, S. 20 ff.).

Für VertreterInnen sozialer Berufsgruppen ist auch die Übernahme einer Managementfunktion häufig schwierig, da sie mit deren persönlicher und beruflicher Einstellung bzw. den daraus resultierenden Prinzipien und Verhaltensweisen zu kollidieren scheint. Gerade in sozialen Berufen wird der Team- und Kollegialgedanke sehr hoch gesetzt, es soll möglichst (basis-)demokratisch gehandelt und keine Hierarchien aufgebaut werden: In diesem Kontext erscheint die Wahrnehmung einer Managementfunktion mit Anweisungs- und Kontrollaufgaben besonders diffizil. Zudem wird durch die Managementfunktion die „Entfernung" zur Klientel befürchtet, womit die eigene sozialpolitische Haltung phrasiert werden würde. Hinzu kommt, dass zusätzliche Aufgaben (einschließlich Verwaltungsaufgaben) übernommen und erlernt werden müssen (vgl. Hoefert 1990, S. 6).

Die Stabilisierungsfunktion des Missmanagements

Es muss auch von einer Stabilisierungsfunktion des Missmanagements ausgegangen werden. Nach Seibel (1992, S. 299) ist es logisch und wahrscheinlich, dass Soziale Organisationen – als Teil des Dritten Sektors und institutionelle Alternative zu Staat und Markt – auf andere Erfordernisse antworten als auf die Sicherstellung von Zweck- und Normrationalität[15] sozialen Handelns und dass diese anderen Erfordernisse ihr Organisationsverhalten prägen. So sind die profitorientierten, erwerbswirtschaftlich organisierten Unternehmen häufig in der Rationalitätsfalle gefangen und messen der Orientierungsfunktion kaum Bedeutung zu. Die Rationalitätsfalle ist als eindimensionale Betrachtung des Unternehmens als primär technisches System zu definieren. Orientierungsfunktion dagegen heißt: Die Mitglieder einer Organisation gewinnen durch die Einbindung in deren funktional-strukturelles Wirkungsgefüge vor allem Orientierung für ihr Fühlen, Denken und Handeln. Soziale Organisationen sind gegenteilig oft als „Orte humaner Selbstfindung" konzipiert und geraten dadurch in eine Moralitätsfalle. Sie verstehen sich mehr als sozio-emotionale Gemeinschaften und betonen vor der Instrumentalisierungsfunktion die Orientierungsfunktion für ihre Mitglieder und Klientel. Instrumentalisierungsfunktion meint, dass eine Organisation nach dem Prinzip der ökonomischen Rationalität zugunsten der Leistungsempfänger, der Organisationsleitung und des Personals eine instrumentelle Funktion übernimmt. Soziale Organisationen reagieren mit ihren Leistungen teilweise auf das Versagen der Marktwirtschaft, derer Instrumente und auf die negativen Folgen effizienter profitorientierter Organisationen (wie den wenig „sorgsamen" Umgang mit Menschen, vgl. Patak/Simsa 1993, S. 244). Sie wenden sich denen zu, die vom Marktgeschehen ausgegrenzt sind – oder nur einen bedingten Zugang haben –, und glauben damit ihrer eigentlichen Bestimmung durch unbürokratisches Management nachkommen zu müssen. „Sie sehen sich als Soziale Organisation, dass sie auch eine haben (müssen), erscheint als eine Frage von sekundärem Rang" (Dommick 1991,

S. 293 ff.). Durch organisatorischen Dilettantismus und damit auf Kosten der organisatorischen Effizienz können Integrationsleistungen (zum Beispiel Integrationsfunktion für den ehrenamtlichen MitarbeiterInnenstamm)[16] und/oder Stabilisierungsleistungen, sowohl politische wie auch für die eigene Organisation[17] relevante, vollbracht werden (vgl. Seibel 1992, S. 273). Auch wenn organisatorisches Scheitern (aus Sicht des betriebswirtschaftlichen Managements) und die Relativierung von Norm- und Zweckrationalität zur Stabilisierung der Sozialen Organisation beitragen (können), muss Management (nicht Bürokratisierung) als ein an sich positiver Wert gesehen werden, der dadurch an Bedeutung gewinnt, dass Soziale Organisationen neben und im Rahmen der sozio-emotionalen Befriedigung von Bedürfnissen auch andere Anforderungen zu erfüllen haben (zum Beispiel Legitimation der verwandten Gelder, Transparenz gegenüber Stakeholdern):

> „Professionelles Management kann sich zumindest zu jener Art von Rationalitäts-Mythen und -Zeremonien entwickeln, wie sie auch in marktlichen und staatlichen Organisationen anzutreffen sind: Als realitätsfernes Rezept mit einigem Legitimationsgehalt, das von den eigentlichen Profis zur taktischen Organisationssteuerung genutzt wird. Doch dabei wird der Widerstand derjenigen zu überwinden sein, deren Interessen durch organisatorischen Dilettantismus besser befriedigt werden als durch effizientes Management" (Seibel 1992, S. 301).

Es wird deutlich, in welchem Spannungsfeld sich Management in Sozialen Organisationen bewegt. Es ist darauf zu achten, dass „Sozial- und Management" betrieben wird, welches den Besonderheiten Sozialer Organisationen entspricht und den unterschiedlichen Stakeholdern der Organisation und deren jeweiligen Anforderungen bzw. Bedürfnissen gerecht wird. Dabei wird „ein ganzheitliches Management ... auf die gleichgewichtige Erfüllung beider gesellschaftlicher Funktionen hinarbeiten und gleichzeitig den ‚optimalen Schnittpunkt zwischen notwendiger Wirtschaftlichkeit und möglicher Humanität' anstreben" (Dommick 1991, S. 297).

Aspekte der Qualität in Sozialen Organisationen

2

1. Die Qualitätsdiskussion im Kontext Sozialer Organisationen

Das Thema „Qualität" stellt sich als sehr komplex dar. Um zu einer Annäherung dessen zu kommen, was Qualität in und für Soziale Organisationen bedeutet, werden im Folgenden verschiedene Ansätze vorgestellt, nach denen Qualität definiert werden kann. Zudem werden die Spezifika beschrieben, die sich daraus ergeben, dass das Thema im Kontext Sozialer Organisationen und deren Leistungen in dieser Arbeit diskutiert wird. Es geht dabei nicht darum, inhaltlich bzw. normativ zu bestimmen, was Qualität in der sozialen Arbeit ist (wie zum Beispiel Zuverlässigkeit, Reagibilität usw.), sondern darum, welche Spezifika bei Qualitätsüberlegungen in Sozialen Organisationen zu beachten sind, gerade auch mit Bezug zu deren Management.

In diesem Abschnitt wird auf den Hintergrund der derzeit vorherrschenden Qualitätsdiskussionen in Sozialen Organisationen eingegangen:

> „Die Anlässe darzulegen, dass eine Organisation in der Lage ist, definierte Qualität zu produzieren, ergeben sich einerseits aus der Vielzahl von Anforderungen an die Qualität der Leistungen von der Gesetzgebung über die Kunden und Kapitalgeber bis hin zu den Mitarbeitern, andererseits aus den Anforderungen einer aufgeklärten Öffentlichkeit, die immer öfter die Darlegung von Nachweisen über getroffene Entscheidungen, adäquat angewandte Methoden und fehlerfreie Leistungserbringung fordert" (Kölsch/Roerkohl 1996a, S. 35).

Nach Puch/Westermeyer (1999, S. 101 ff.) war die Qualitätsdiskussion bis Mitte der 80er-Jahre mehr an fachliche (zum Beispiel methodische Anforderungen, fachwissenschaftliche Ansprüche) und sozialpolitische Standards (Nachweis des Bedarfs einer Region an sozialen Maßnahmen) gebunden, betriebswirtschaftliche Aspekte wurden kaum einbezogen. Von besonderer Bedeutung war bis dahin die Frage, welcher fachliche und materielle Input eingebracht werden sollte, um ein qualitativ gehaltvolles Angebot sicherzustellen. Evaluatorische Maßnahmen zur Überprüfung der Effektivität und der Effizienz der eingesetzten Mittel wurden nicht systematisch und methodisch kontrolliert eingesetzt. Seit Anfang der 90er-Jahre haben Überlegungen zur Kontrolle, Sicherung und Entwicklung des Qualitätsaspektes eine enorme Bedeutung für das Management in Sozialen Organisationen gewonnen bzw. begründen unter anderem das Sozialmanagement. Mit der Verknappung finanzieller Mittel wurde die Input- durch eine Outputorientierung abgelöst. Qualitätsüberlegungen werden nicht mehr nur hinsichtlich des bedarfsgerechten und fachlich kompetenten Handelns vorgenommen, sondern auch hinsichtlich der Qualität der erreichten Ergebnisse und der Wirtschaftlichkeit des erbrachten Aufwandes. Man bedient sich nun auch betriebswirtschaftlicher Managementmodelle, mit denen fachliche, politische und ökonomische Interessen und Wertehaltungen aufeinander treffen, wobei sich im Besonderen auch die Frage stellt, welche (qualitätsorientierten) Managementmodelle adäquat auf den Sozialbereich adaptiert werden können.

Im Zusammenhang mit der Struktur und Spezifika Sozialer Organisationen wie auch mit der Stabilisierungsfunktion des Missmanagements wurde bereits darauf hingewiesen, dass Soziale Organisationen teilweise andere Strukturen, Maßnahmen und Prinzipien einsetzen müssen, um sich ihre Eigenheit und damit auch ihren Bestand zu sichern. Aus den Theorien zu den Defiziten marktlichen und staatlichen Handelns können somit Qualitätsanforderungen (zum Beispiel direktere Kontrolle durch den Konsumenten, Kompensation von Informationssymmetrien, Flexibilität) für Soziale Organisationen abgeleitet werden, die dazu führen sollen, dass die negativen Folgen – die häufig aus dem Management effizienter profitorientierter Organisationen resultieren – vermieden werden (vgl. Matul/Scharitzer 1999, S. 471 und Seibel 1992, S. 47 ff.).

Als gesichert gilt, dass Qualität zu einem „Schlüsselkonzept" bei der Steuerung der Leistungen der Sozialen Organisation wird bzw. geworden ist (vgl. Puch/Westermeyer 1999, S. 101 ff.) und dies insofern, dass die Qualität einer Sozialen Organisation und ihrer Dienstleistungen (auch) zu einem Unterscheidungsmerkmal im Konkurrenzkampf um finanzielle Mittel und Auftraggeber geworden ist. Während in der Vergangenheit die Aktivitäten im Sozialbereich oft vom Grunde her als gehaltvoll und hochwertig angesehen wurden bzw. dem sozialen

Handeln ein eigenständiger positiver Wert zugeschrieben wurde und dieser evident war, wird heute Qualität und soziale Arbeit nicht mehr als Einheit begriffen (vgl. Puch/Westermeyer 1999, S. 16). Qualität ist auch in diesem Kontext zu begründen und nachzuweisen.[1] In welchem Sinne dieses Argument im Folgenden zur Geltung gebracht wird, ist, dass die Art und Weise, wie soziale Dienstleistungen erbracht werden (und auch, zu welchem Resultat sie führen), variieren können, und dass diese Variationen den Rahmenbedingungen entsprechend ausgestaltet werden müssen, um den Bestand einer sozialen Einrichtung zu sichern.

Die Forderung nach Qualitätsbestimmungen und -nachweisen ist bereits in verschiedene gesetzliche Vorgaben – das Sozialwesen und überschneidend das Bildungswesen betreffend – gefasst: So ist inzwischen im Pflegeversicherungsgesetz (Sozialgesetzbuch (SGB) VI) der § 80 „Qualitätssicherung" (Vereinbarung einheitlicher Grundsätze und Maßstäbe für die Qualität und Qualitätssicherung zwischen verschiedenen Institutionen) verankert. In den §§ 93 ff. des Bundessozialhilfegesetzes (BSHG) wird die Übernahme der Vergütung der Träger der Sozialhilfe für die Leistung einer sozialen Einrichtung nur zur Verpflichtung, wenn Vereinbarungen über Inhalt, Umfang und Qualität der Leistungen (Leistungsvereinbarungen) vorliegen. Diese Voraussetzungen gelten entsprechend im § 78b Kinder- und Jugendhilfegesetz (SGB VIII) für die teilstationären und stationären Einrichtungen der Kinder- und Jugendhilfe. Das Recht zur Qualitätsprüfung von Maßnahmen zur Förderung der beruflichen Weiterbildung ist in § 93 SGB III (Arbeitsförderungsgesetz) festgehalten. Die Agentur für Arbeit soll durch geeignete Maßnahmen die Durchführung sowie den Erfolg der Maßnahmen überwachen (vgl. Knorr/Halfar 2000, S. 44 ff.). Zahlreiche Schulgesetze integrieren inzwischen den Gedanken der Qualitätssicherung. Im Schulgesetz für das Land Berlin (SchulG) von 2004 etwa, das auch als „Antwort auf Pisa" und als Vorreiter für andere Länder gesehen wird (vgl. Senatsverwaltung für Bildung, Wissenschaft und Forschung 2007, Vorwort), werden unter anderem in § 9 „Qualitätssicherung und Evaluation" Schulen zur kontinuierlichen Qualitätssicherung verpflichtet. Mit dem in Niedersachsen 2006 beschlossenen „Gesetz zur Einführung der Eigenverantwortlichen Schule" wird ebenfalls der Qualitätsgedanke verstärkt aufgegriffen (vgl. zum Beispiel § 30 Niedersächsisches Schulgesetz (NSchG)).

Der Bedarf an Qualität in der sozialen Arbeit wird also einerseits auf die gesetzlichen und zum anderen auf die wettbewerblichen Bedingungen zurückgeführt. Wettbewerbliche Bedingungen sind dabei zum einen kundenseitig zu sehen, d. h. die Kunden Sozialer Organisationen werden durch vermehrte Wahlmöglichkeiten zwischen verschiedenen Anbietern kritischer und anspruchsvoller. Das Verständnis der NutzerInnen von Leistungen der sozialen Arbeit hat sich gewandelt. Soziale Maßnahmen werden als Dienstleistungen verstanden, die betroffenen Menschen wollen von den Dienstleistungsanbietern als mündige NutzerInnen und nicht als Hilfebedürftige verstanden werden. Auch mit der in manchen Bereichen zunehmenden Gleichstellung des Erfahrungswissens mit dem professionellen Expertenwissen ist die Forderung nach einem Mehr an Transparenz über die Qualität der professionell erbrachten Leistungen verbunden (vgl. Decker 1997, S. 553 und Gerhardinger [2000] S. 3). Zum anderen sind wettbewerbliche Bedingungen beschaffungsseitig zu sehen, dies meint den Wettbewerb um knappe Ressourcen (vgl. Matul/Scharitzer 1999, S. 463).

Bei der Betrachtung der in Kapitel 1 (Abschnitt „Konzepte und Merkmale des Sozialmanagements") definierten Merkmale des Sozialmanagements (Führungs-, Haushalts-, Sozial-, Zielmerkmal) und dem Vergleich mit den eben aufgeführten Gründen einer Qualitätsorientierung, wird deren Kongruenz deutlich: Sämtliche Merkmale des Sozialmanagements werden gleichzeitig als die für die Qualität einer Sozialen Organisation notwendigen Aspekte angesehen. Dies bedeutet, dass die im Sozialmanagement – auch historisch unterschiedlich betonten inhaltlichen Schwerpunkte – im derzeitigen Verständnis in einem qualitätsorientierten Sozialmanagement zu vereinen sind. Das aufgeführte „Qualitätsmerkmal" des Sozialmanagements ist somit weniger ein Additiv als vielmehr ein integraler Bestandteil bzw. eine Orientierung des Sozialmanagements.

2. Auffassungen von Qualität

Wird Qualität als bewerteter (Ziel- bzw. Soll-)Zustand verstanden, ist weiter zu fragen, was an diesem Zustand (bei einem Produkt oder einer Dienstleistung zum Beispiel seine Her- bzw. Erstellung, das Ergebnis, die Zusammensetzung eines Produktes etc.) bewertet wird, wer diesen definiert und wie dieser Zustand bewertet wird. David A. Garvin (1984, S. 25 ff.) fasst diesbezüglich fünf verschiedene Auffassungen von Qualität zusammen, welche nachstehend erläutert werden, wobei exemplarisch deren Relevanz für den Sozialbereich angedeutet wird.

- Mit dem *transzendenten Ansatz* (transcendent approach) wird Qualität als der Ausdruck von etwas Einzigartigem und Absolutem verstanden, welches (wie etwa Schönheit) nicht präzise definiert werden kann, sondern erfahren werden muss. Damit kann Qualität auch mehr sein als die Summe der qualitativ bewerteten Einzelteile eines Qualitätsobjektes. Dieser Ansatz kommt dem umgangssprachlichen Verständnis von Qualität am nächsten, mit dem etwas als gute (oder schlechte) Qualität bezeichnet wird. Auch die Diskussionen um die Qualität in Sozialen Organisationen dienen auf gewisse Weise dazu, auszudrücken, dass man – auf verschiedenen Ebenen – etwas Besonderes und besonders Gutes leistet.
- Der *produktorientierte Ansatz* (product-based approach) konzentriert sich darauf, wie etwas in seinen Einzelteilen beschaffen sein muss. Mit ihm wird Qualität als präzise messbare Größe bezeichnet, es wird davon ausgegangen, dass die Maßangabe über eine Eigenschaft eines Produktes eine Aussage über deren Qualität macht (zum Beispiel umso weniger Konservierungsstoffe, desto gesünder und qualitativ hochwertiger ist das Produkt). Die Frage ist auch, inwiefern das Produkt geeignet ist, festgelegte und vorausgesetzte Erfordernisse zu erreichen, wie zum Beispiel in der DIN EN ISO 8402:1995 deutlich wird: Qualität wird dort als die Gesamtheit von Merkmalen einer Einheit (zum Beispiel eines Produktes oder einer Dienstleistung) beschrieben, die sich auf deren Eignung zur Erfüllung festgelegter oder vorausgesetzter Erfordernisse bezieht. In dieser Definition wird eine Zweck-Mittel-Relation offensichtlich, es wird all jenes als Qualität angesehen, was dazu beiträgt, den Zweck zu erreichen. Die Zweck-Mittel-Relation als Gleichsetzung zur Qualität, d. h. die Tauglichkeit einer Maßnahme für die Zweckerreichung, welche auch als Effektivität bezeichnet wird (vgl. Schwarz 1997, S. 14), setzt unter anderem voraus, dass der Zweck definiert ist, dass ausgeschlossen werden kann, dass nicht etwas anderes als die qualitativen Mittel zur Zweckerreichung geführt

haben – in Sozialen Organisationen ist dies häufig nicht gegeben. Zudem muss gefragt werden, ob der „Zweck die Mittel heiligt", oder ob für die soziale Arbeit nicht grundlegend vorausgesetzt werden muss, dass auch die Mittel einer qualitativen Betrachtung bedürfen, d. h. einer Bewertung unabhängig von ihrer Zweckdienlichkeit. Der produktorientierte Ansatz ist im Kontext Sozialer Organisationen vor allem da relevant, wo entweder Dienstleistungen mit hohem materiellen Anteil erbracht werden (zum Beispiel bei der Bereitstellung von Essen) oder ein hohes Maß an Standardisierung möglich ist (zum Beispiel bei der Ableitung von Pflegestandards). Nichtmaterielles wie Beratungsleistungen sind hiermit nicht zu bewerten (vgl. Schubert/Zink 1997, S. 2).

- Mit dem *anwenderorientierten Ansatz* (user-based approach) wird die Beurteilung und Bewertung der Qualität in die Augen der BetrachterInnen gelegt, basierend auf dem Gedanken, dass die individuellen NutzerInnen individuelle Bedürfnisse haben. Diejenigen Produkte, die diesen individuellen Bedürfnissen am ehesten entsprechen, verfügen über die höchste Qualität. Juran (1990, S. 20), einer der bekanntesten Qualitätsforscher, bezeichnet Qualität in diesem Zusammenhang als Gebrauchstüchtigkeit („Fitness for use"). Der Aspekt der AnwenderInnen- bzw. Kundenorientierung muss im Kontext Sozialer Organisationen näher betrachtet werden. Erstens ergibt sich aufgrund der Vielzahl von Anspruchsgruppen Sozialer Organisationen die Frage, wer als Kunde zu definieren ist, und zweitens aufgrund dessen, dass der Kundenorientierung eine zentrale Bedeutung in der Qualitätsdiskussion sozialer Einrichtungen zugeschrieben wird (siehe auch unten).
- Wird Qualität als die Einhaltung von vorgegebenen Spezifikationen, beispielsweise Pünktlichkeit oder Schnelligkeit einer Dienstleistung, definiert, ist von dem *fertigungsorientierten (herstellungsorientierten) Ansatz* (manufacturing-based approach) die Rede. Abweichungen von betrieblichen Standards bzw. Spezifikationen, die (auf Basis des in den jeweiligen Bereichen anerkannten Erkenntnisstandes von Experten) festgelegt wurden, werden als Qualitätsminderung gesehen. Crosby (1986, S. 69), ein weiterer Qualitätsforscher, gilt als Vertreter dieses Ansatzes: Er definiert Qualität in diesem Zusammenhang als Erfüllung von Anforderun-

gen („conformance with requirements"), die durch Experten definiert wurden und die von MitarbeiterInnen ohne Abweichungen erfüllt werden müssen.

Dieser Ansatz ist beispielsweise wenig relevant für einen Beratungs- oder Bildungsprozess, da sich erst nach Erfassung von persönlichen Kompetenzen, der individuellen Ziele und Wünsche der AdressatInnen, die jeweils individuellen bzw. gruppenspezifischen Lösungswege in Abhängigkeit von strukturellen Gegebenheiten und Möglichkeiten ergeben. In der sozialen Arbeit können zudem häufig keine linearen, monokausalen Wirkungsketten aufgebaut und geplant werden. Mögliche Qualitätskriterien im Sinne des fertigungsbezogenen Ansatzes wären jedoch zum Beispiel Pünktlichkeit oder Vorgaben in der Beratungszeit.

- Der *wertorientierte Ansatz* (value-based approach) bezieht sich auf das Preis-Leistungs-Verhältnis. Unter diesem Aspekt ist ein Produkt ein Qualitätsprodukt, wenn es den Kunden den festgesetzten Preis wert ist. Feigenbaum (1983, S. 4 und 7) geht davon aus, dass Qualität Produkte und Dienstleistungen meint, welche den Erwartungen der Kunden entsprechen und zwar hinsichtlich ihres Nutzens und des Preises des Produkts. Verkauft wird sowohl durch Qualität wie auch durch den Preis.

Dieses Verständnis von Qualität ist auch in Qualitätsüberlegungen sozialer Arbeit zu finden. Das heißt: Für Soziale Organisationen gilt es, eine unter Berücksichtigung der zur Verfügung stehenden Ressourcen optimale (statt maximale) Leistungsqualität anzubieten. Das Erbringen sozialer Leistungen wird nicht um jeden Preis, der sich aus den Kosten für die Erbringung sozialer Leistungen ergibt, akzeptiert. Im Kontext der Herausforderung, mit vorgegebenen Ressourcen die bestmögliche Dienstleistungsqualität zu erbringen, wird dem Management eine wichtige Bedeutung zugemessen.

Die Wirtschaftlichkeit wird derzeit vielfach thematisiert, oft ist eine Vermischung bzw. Gleichsetzung von Qualität und Wirtschaftlichkeit zu beobachten: Es werden von Qualitätsmaßnahmen zum Beispiel Kostensenkungen erwartet bzw. Einsparungen häufig unter dem Deckmantel der Qualität legitimiert. Eine sinnvolle Wirtschaftlichkeitsüberlegung ist – neben der grundlegenden Frage, ob bestimmte Leistungen zur Beantwortung bestimmter Notwendigkeiten angebracht und adäquat sind –, ob bei der Erbringung und Übermittlung von Leistungen, durch Verschwendungen (zum Beispiel durch umständliches Arbeiten) und unnötigem Verschleiß (zum Beispiel unsachgemäße Handhabung von Arbeitsmitteln) Ressourcen vernichtet werden.[2]

Die fünf Ansätze nach D. A. Garvin (1994) werden durch die Autorin, speziell für Soziale Organisationen, um einen *sozial-ethischen Ansatz* erweitert. Soziale Organisationen mit den sozial tätigen MitarbeiterInnen müssen sich in ihrer Berufsausübung und durch ihre Aufgaben durch eine bestimmte Qualität auszeichnen, die sich in der Diskussion um ethisch-moralische Fragen herauskristallisiert. Nach Schneider (1999, S. 12) ist die Dimension des Sozialen in Form von Hilfe oder Dienstleistung untrennbar mit dem Problem der Moral verbunden:

> „Im Gegensatz zu den meisten anderen Berufen und ihrer Ethik besteht die besondere Problematik der sozialen Berufe und ihrer Moral darin, dass nicht nur ihr Ziel moralisch legitimiert sein muss und die Folgen und Nebenfolgen bedacht sein wollen, sondern dass ihre Objekte selbst moralfähige Subjekte sind und die Mittel in moralisch strukturierten Interaktionen bestehen" (Schneider 1999, S. 162).

Beim Diskurs um die sozial-ethische Qualität der sozialen Arbeit geht es nicht um die Aufstellung berufsbezogener moralischer Gebote, sondern zum Beispiel um die Thematisierung negativer und positiver Pflichten oder darum, Wert- und Normkonflikte auszutragen: Damit kommen auch indirekt oder direkt die „subjektiven Faktoren bei den Akteuren" wie Werte und Einstellungen oder die „Liebe zur Sache" oder die jeweilige Trägerethik zum Ausdruck (vgl. Merchel 1998, S. 34).

> „Dies bedeutet unter anderem, die verborgenen Wertannahmen und Menschenbilder in betriebswirtschaftlichen, sozialpolitischen und fachlichen Konzepten zu rekonstruieren und sie im Hinblick auf ihre ethische Verträglichkeit zu untersuchen" (Puch 2000, S. 60).

Der sozial-ethische Diskurs ist auch insofern von Bedeutung, als die sozial Tätigen in der Auseinandersetzung mit den vielfältigen Anspruchsgruppen, gerade auch in Bezug auf die Definition von Qualität in Sozialen Organisationen, ihren eigenen Standpunkt und ihre Grenzen finden.

Die sechs Ansätze für sich können der Komplexität sozialer Dienstleistungen nicht gerecht werden. „Die unterschiedlichen Sichtweisen sind miteinander zu verknüpfen, wobei das Gewicht einzelner Aspekte in Abhängigkeit von den zu erbringenden Dienstleistungen durchaus variieren kann" (Schubert & Zink 1997, S. 3). Die Schnittmenge der verschiedenen Sichtweisen bildet den Handlungsrahmen für das Management Sozialer Organisationen. Zudem ist darauf hinzuweisen, dass die Gewichtung, aber auch die Interpretation der Ansätze, bereits eine Qualitätsbestimmung in dem Sinne ist, dass eine Auswahl und Bewertung dessen stattfindet, was wichtig für weitere Qualitätsbestimmungen ist. So ist die vorgenommene Ergänzung der verschiedenen Ansätze nach D. A. Garvin (1994) um den sozial-ethischen Ansatz bereits ein Qualitätsurteil darüber, unter welchen Aspekten weitere Qualitätsüberlegungen in Sozialen Organisationen zu betrachten sind.[3] Es kann also von einer rahmenschaffenden Qualität bzw. von einer Kontextqualität gesprochen werden, die zum Beispiel durch die finanziellen, gesellschaftlichen, sozialpolitischen, wissenschaftlichen Rahmenbedingungen beeinflusst bzw. determiniert wird. Der Kontext ändert sich und damit auch das, was als wichtig für die Bestimmung von Qualität relevant scheint:[4] So waren zum Beispiel im Zusammenhang mit Qualitätsüberlegungen in Sozialen Organisationen die wirtschaftlichen Aspekte lange Zeit weniger relevant, heute zählt die wirtschaftliche Betrachtung der Leistungen Sozialer Organisationen als Qualitätsmerkmal.

3. Spezifische Aspekte der Qualität in Sozialen Organisationen

Grundsätzlich ist davon auszugehen, dass die Verbesserung der Qualität in Sozialen Organisationen aufwändiger ist als in Produktionsprozessen. Auch die Bestimmung qualitätsrelevanter Faktoren ist schwieriger als in der Produktion. Besonderheiten der Qualität ergeben sich daraus, dass in Sozialen Organisationen primär personenbezogene soziale Dienstleistungen durchgeführt werden, welche durch einen hohen Anteil an menschlicher (nicht maschineller) Leistung gekennzeichnet sind.

Soziale Dienstleistungen und ihre Qualitätsebenen

Soziale Arbeit mit ihren Leistungen wird inzwischen als Dienstleistung verstanden. Durch dieses Verständnis soll zum Beispiel die Rolle eines/r Hilfeempfangenden in der Hinsicht verändert werden, dass sich Hilfeabhängige bzw. -empfangende nicht als passive Objekte, als Bittsteller, sondern als mündige Bürger fühlen, die erforderliche Hilfen eigenständig wählen und am Prozess der Dienstleistung aktiv beteiligt sind (vgl. Schubert/Zink 1997, S. 233). Nach Meffert/Bruhn (1995, S. 27) sind Dienstleistungen „selbstständige, marktfähige Leistungen, die mit der Bereitstellung (zum Beispiel Versicherungsleistung) und/oder dem Einsatz von Leistungsfähigkeiten (zum Beispiel Friseurleistung) verbunden sind (*Potenzialorientierung*). Interne (zum Beispiel Geschäftsräume, Personal, Ausstattung) und externe Faktoren (als solche, die nicht im Einflussbereich des Dienstleisters liegen)[5] werden im Rahmen des Erstellungsprozesses kombiniert (*Prozessorientierung*). Die Faktorenkombination des Dienstleistungsanbieters wird mit dem Ziel eingesetzt, an den externen Faktoren, an Menschen (zum Beispiel Kunden) – oder deren Objekten … Nutzen stiftende Wirkungen … zu erzielen (*Ergebnisorientierung*) [Hervorhebungen im Original]".

Die Potenzialorientierung (die Dienstleistung wird an ihrer tatsächlichen Verfügbarkeit bei Bedarf gemessen), die Prozessorientierung (die Dienstleistung wird am Erstellungsprozess gemessen) bzw. die Ergebnisorientierung (die Dienstleistung wird am Ergebnis gemessen) ist in allen sozialen Dienstleistungen gegeben, teilweise unterschiedlich zu gewichten und durch entsprechende Qualitätskriterien zu identifizieren und zu unterscheiden. Die Qualitätskriterien einer Kinderfreizeit sind zum Beispiel vorrangig prozessorientiert, eine Erziehungsmaßnahme vorrangig ergebnisorientiert (natürlich heiligt der Zweck die Mittel/den Prozess nicht) und die Notaufnahme für Jugendliche vorrangig potenzialorientiert (sind genügend Kapazitäten vorhanden, um die Jugendlichen sofort aufnehmen zu können) (vgl. Knorr/Halfar 2000, S. 72).

Die Qualitätsebenen sozialer Organisationsleistungen definiert Donabedian (1982, S. 70 ff.) in ähnlicher Weise. Er sieht für das Gesundheitswesen (in den USA) drei mögliche Zugänge bzw. Dimensionen, die voneinander abhängig sind und in deren Bezug die Qualität einer Leistung bewertet werden kann. Unterschieden werden die Struktur, der Leistungsprozess und die Wirkungen bzw. das Ergebnis der angebotenen Dienstleistungen. Diese drei Dimensionen wurden inzwischen durch entsprechende Differenzierungen für das Sozialwesen adaptiert.

- Die *Strukturqualität* bezieht sich auf die Ausstattungsdimensionen einer Einrichtung und ihrer Elemente, die zumindest über längere Zeiträume hinweg konstant bleiben und unabhängig von einzelnen Personen und der Aufgabenausführung beschrieben und bewertet werden können. Gemeint sind beispielsweise die Art, Anzahl und Qualifikation des Personals, die technisch-räumlichen Gegebenheiten (auch deren Finanzierung), wie auch die sozialen, gesetzlichen und ökonomischen Rahmenbedingungen. Im Rahmen der Strukturqualität haben „Zielbestimmungen einen zentralen Stellenwert, da über diese Entscheidungen wesentliche Weichenstellungen hinsichtlich der grundsätzlichen Zuständigkeit und der dazu erforderlichen Ausstattung erfolgen ... Dabei geht es um Bedarfsermittlung, Bedürfnis-, Alltags- und Lebensweltorientierung sowie um eine entsprechende Umsetzung in Leitbilder und Konzepte" (Gmür/Lenz 1998, S. 75 f.). Die Bundesempfehlung gemäß § 93d Abs. 3 BSHG für Landesrahmenverträge nach § 93d Abs. 2 BSHG vom 15.02.1999, in der die Aufteilung in die drei Qualitätsebenen übernommen wurde, zählt zum Beispiel das Vorhandensein einer Konzeption der Einrichtung, die Darstellung des Leistungsangebotes, Standort und Größe der Einrichtung zur Strukturqualität.
- Die *Prozessqualität* bezieht sich auf den gesamten Ablauf der Dienstleistungserbringung, d. h. auf die Art und Weise der Zielerreichung, und meint damit sowohl objektive Faktoren, die leichter festzulegen und zu quantifizieren sind, als auch subjektive Indikatoren:[6]

> „Dazu gehört die Qualität des individuellen Umgangs mit den vorgegebenen Strukturen und den Klienten, die Qualität der individuellen Umsetzung der Konzepte sowie des individuellen Einsatzes und Ablaufs von Leistungen" (Hohm 2000, S. 192).

Zur Prozessqualität zählen auch die Informations-, Kommunikations- und Entscheidungswege in der Organisation, die MitarbeiterInnenorientierung und das Management. Ziel ist die Optimierung des Interventionsprozesses. Nach der bereits oben erwähnten Bundesempfehlung werden zum Beispiel die bedarfsorientierte Hilfeleistung einschließlich deren Dokumentation, fachübergreifende Teamarbeit und die Vernetzung der Angebote der Einrichtung als Qualitätsmerkmal gesehen.

- Durch die *Ergebnisqualität* wird Bezug genommen auf den Outcome[7] der Dienstleistung, also zum Beispiel auf ein bestimmtes Beratungsergebnis oder einen Lernerfolg. Beschrieben und beurteilt werden soll die KundInnen- und MitarbeiterInnenzufriedenheit. Zudem soll die Zielerreichung überprüft werden (auch staatliche oder sozialpolitische Ziele betreffend), und damit auch, welche intendierten und nicht beabsichtigten Wirkungen erzielt wurden. Dabei ist es sinnvoll, „zwischen Ergebnissen unterschiedlicher Komplexität und Reichweite zu einer angemessenen Differenzierung zu kommen" (Puch/Westermeyer 1999, S. 109): Veränderungen des Wissens oder von aus Bildungsprozessen resultierenden Fertigkeiten können relativ problemlos erfasst werden. Weitergehende Auswirkungen sozialer Dienstleistungen auf die Lebenslage und -qualität der AdressatInnen sind in ihren Wirkungszusammenhängen äußerst schwierig überprüfbar.[8] Nach der Bundesempfehlung sind die Ergebnisse des Hilfeprozesses anhand der festgelegten Ziele regelmäßig zu überprüfen und das Überprüfungsergebnis zwischen den LeistungserbringerInnen sowie den HilfeempfängerInnen und zum Beispiel deren Angehörigen zu erörtern und zu dokumentieren (vgl. Puch/Westermeyer 1999, S. 109 und Hohm 2000, S. 192).

Die drei beschriebenen Qualitätsdimensionen stehen nicht nur in einer linearen Beziehung, d. h. die Strukturen beeinflussen den Prozess und dieser letztendlich die Ergebnisse, sondern es kann eine generelle wechselseitige Beeinflussung festgestellt werden. Festlegungen in der einen Dimension ziehen Veränderungen in der anderen Dimension nach sich, der gegenseitige Einfluss kann dabei hinsichtlich seiner Kurzfristigkeit bzw. Unmittelbarkeit als auch der Langfristigkeit beurteilt werden (vgl. Hohm 2000, S. 193).

Qualitätsrelevante Spezifika sozialer Dienstleistungen

In diesem Abschnitt werden Spezifika sozialer Dienstleistungen erläutert, die in Überlegungen zu deren Qualität zu beachten sind und die es erlauben, die Komplexität des Themas „Qualität in Sozialen Organisationen" nachzuvollziehen.

Produktion und Konsum sozialer Dienstleistungen fallen zeitlich zusammen und sind abhängig von der Präsenz der KlientInnen (uno-actu-Prinzip). Leistungen wie Beratungsgespräche können damit nicht im Voraus hergestellt und eingelagert werden, sie werden individuell nach den Bedürfnissen der KonsumentInnen erstellt. Prozesse und Ergebnisse von Dienstleistungen sind von der Kooperationsfähigkeit und -willigkeit der AdressatInnen abhängig. Qualität ist damit situationsbedingt: „... festzulegen, welche Umgangsformen mit Klienten gut oder qualitätsvoll sind, lässt sich selten unabhängig von den handelnden Personen und deren Zielen bzw. abgelöst von den örtlichen und kulturellen Gegebenheiten entscheiden" (Meinhold 1996, S. 11). Erst im Zuge der Inanspruchnahme kann die Qualität von Dienstleistungsprozessen gesteuert werden. Dabei unterliegen Soziale Organisationen, deren Aufgaben personenbezogene soziale Dienstleistungen sind, grundlegend einem „strukturellen Technologiedefizit": Festgestellt werden können höchstens „subjektive Technologien" (als operativ eingesetzte Komplexitätsreduktionen, vgl. Luhmann/Schorr 1982, S. 14f. und 19), wodurch Wirkungen und Ergebnisse nur bedingt planbar sind. Durch die Individualität bzw. Variabilität der Leistungserstellung ist auch eine Standardisierung nur in geringem Maß möglich. „Die spezifische Professionalität der Sozialen Arbeit ist ... gerade über das Besondere jedes einzelnen Falles gekennzeichnet. Der Unterschied zwischen betriebswirtschaftlichem und sozialpädagogischem Qualitätsverständnis zeigt sich somit als Gegensatz zwischen ‚Individualität und Normierung'" (Puch 2000, S. 63).

Es gibt Bereiche der Sozialen Organisation, die mehr produkt- statt personenbezogen zu betrachten sind. Bei produktorientierten Dienstleistungen, im Rahmen derer zwischenmenschlichen Beziehungen eine untergeordnete Bedeutung zukommt, kann die Qualität stärker durch Kontrollen und (Handlungs-, Verfahrens-)Anweisungen garantiert werden. Personenbezogene Dienstleistungen ohne materiellen

Gehalt stellen jedoch einen kommunikativen Prozess dar, wobei das „persönliche Verhältnis" bzw. die Dienstleistungsbeziehung zwischen ProduzentIn (DienstleisterIn) und Koproduzent (AdressatIn) elementarer Bestandteil der Leistung und in seiner Ausgestaltung zentrale Qualitätsvoraussetzung ist (vgl. Brülle/Reiss [2000], S. 1 und Decker 1997, S. 558).

Die Immaterialität und Intangibilität (die Nicht-Greifbarkeit) der Dienstleistung erschwert die Darstellung der Qualität der Dienstleistung, auch Vergleiche zwischen gleichartigen Produkten gestalten sich angesichts dieser Eigenschaften schwierig (vgl. Knorr/Halfar 2000, S. 75 und insgesamt zu den Spezifika Brülle/Reiss [2000], S. 1).

Leistungen Sozialer Organisationen zeichnen sich oft dadurch aus, dass die LeistungsempfängerInnen und die Kostenträger nicht identisch sind. Der Kostenträger konsumiert nicht die Leistung und erfährt nicht direkt deren Qualität, muss jedoch auch von dieser überzeugt sein bzw. werden. Qualitätsüberlegungen sind also nicht nur auf die direkten EmpfängerInnen, sondern auch auf weitere Kunden der Sozialen Organisation zu beziehen. In diesem Zusammenhang stellt sich die grundlegende Frage, wer als Kunde zu verstehen ist. Puch/Westermeyer (1999, S. 60) definieren im Kontext eines qualitätsorientierten Managements den Kundenbegriff folgendermaßen: „Jeder Partner, der dazu beitragen kann, die Entwicklung der Organisation zu sichern oder zu behindern, ist unter dem Aspekt der Qualität ein ‚Kunde'".

Zur differenzierteren Unterscheidung werden Kunden im Folgenden aufgeteilt in:

- externe direkte KundInnen: gemeint sind die unmittelbaren EmpfängerInnen[9] (synonym KlientInnen, AdressatInnen, NutzerInnen oder TeilnehmerInnen) der Leistungen;
- externe mittelbare Kunden,[10] zum Beispiel Lieferanten, Spender, Träger, unterstützende Dienste;
- interne KundInnen der Organisation: gemeint sind die MitarbeiterInnen der Organisation, Abteilungen etc.

Dieses dreifache Kundenverständnis entspricht dem bereits in Kapitel 1 (Abschnitt „Spezifika und aktuelle Tendenzen in den Rahmenbedingungen Sozialer Organisationen") definierten Anspruchsgruppen- bzw. Stakeholderbegriff.

Als zentrales Element der Bestimmung von Qualität gilt die KundInnenorientierung. Sie soll zum einen eine größere Sensibilität und Respekt gegenüber den direkten KundInnen ausdrücken und betont zum anderen die Idee der Eigenverantwortlichkeit derselben sowie den Umstand, dass die KlientInnen letztendlich diejenigen sind, die bestimmen und wählen (auch unter unterschiedlichen Anbietern), welche Interventionsformen für sie hilfreich sind (vgl. Bobzien/Stark/Straus 1996, S. 54).

> „Das Kundenmodell soll bewirken, dass die helfende Beziehung von der einseitigen Abhängigkeit der Hilfesuchenden von den Hilfegewährenden befreit wird und auf eine vertragsähnliche Grundlage gestellt wird. Die Kunden sollen in die Lage versetzt werden, die ihnen zusagende Dienstleistung auszuwählen. Aufgrund dieser Vergleichsmöglichkeiten entwickeln die Kunden ein Qualitätsbewusstsein, das die Dienstleistungserbringer zwingt, die angebotene Qualität erkennbar darzustellen und in einem permanenten Prozess zu verbessern. Im besten Falle soll dieses kritische Kundenbewusstsein eine Spirale der Qualitäts- und Effektivitätssteigerung in Gang setzen, deren Nutznießer einerseits die Kunden, andererseits die Anbieter und schließlich der Dritte im Bunde, nämlich der Staat als hauptsächlicher Finanzierer der Angebote, sein sollen" (Projektgruppe „Qualitätsmanagement in der Behindertenhilfe" 2000, S. 27).

Aus der KundInnnorientierung ergeben sich besonders im Zusammenhang mit den direkten Kunden[11] folgende Probleme:

Die Wahrnehmung sozialer Dienstleistungsqualität hängt von den persönlichen Erfahrungen und Gegebenheiten der KundInnen ab. KundInnen beurteilen eine Leistung aus der Sicht ihrer subjektiven Wahrnehmung. Das, was als Qualität von den KundInnen wahrgenommen wird, kann mit dem, was die Organisationsseite als Qualität definiert, übereinstimmen, aber auch davon abweichen. In diesem Zusammenhang stellt sich die Frage, ob KundInnenorientierung als Qualitätsmerkmal die bedingungslose Befriedigung der (momentanen und spontanen) Bedürfnisse der KlientInnen meinen kann,[12] oder ob KundInnenorientierung heißt, sozialen Berufsgruppen eine Verantwortung zuzuschreiben, die darin mündet, dass auf der Basis wissenschaftlich abgesicherten und professionellen Wissens bestimmten Bedürfnissen (aus ethischen, moralischen, rechtlichen Gründen) von AdressatInnen nicht nachgegeben wird. Speck (1999, S. 156) beschreibt den Vorgang der uneingeschränkten Bedürfnisbefriedigung als „die pädagogische Unsinnigkeit bloßer Kundenorientierung".[13] Wenn auch ein Gewinn für eine Person nur auszumachen ist, wenn sie selber diesen Ertrag wahrnimmt, muss dieser auch objektivierbar sein, „weil das Subjekt sich täuschen mag oder Maßstäbe verwendet, die gesellschaftlich und fachlich inakzeptabel sind" (Wendt 1997, S. 77). Von einer „opportunistischen Nutzer-Orientierung" spricht Speck (1999, S. 156), wenn Qualitätsziele so niedrig und auf eine bestimmte Art und Weise formuliert werden, dass sie auf alle Fälle erreicht werden und die Endkontrolle positiv ausfallen muss. Dass „Bedürfnisse, Erwartungen, Ansprüche ... nicht nur keine festen, sondern selbst beurteilbare, bewertbare, kultivierbare Gegenstände erziehungspraktischer Qualitätsentwicklung" (Heid 2000, S. 49) sind, gilt dreiseitig und damit nicht nur für die EmpfängerInnen sozialer Leistungen, sondern auch für die mittelbaren Kunden und ihre Erwartungen, wie auch für die Bedürfnisse, Ansprüche, Werte und Einstellungen der internen Kunden.

Im Fall der Orientierung an den direkten KundInnen stellt sich auch die Frage, ob diese bereits vor dem Dienstleistungsprozess dessen Qualität beurteilen können: Bei sozialen Dienstleistungen handelt es sich aufgrund einer möglichen Informationsasymmetrie zwischen LeistungserbringerInnen und -empfängerInnen häufig um Erfahrungsgüter. In diesem Kontext wird davon ausgegangen, dass die Qualität der Leistung vor der Inanspruchnahme schwer zu beurteilen ist und in einigen Fällen die EmpfängerInnen auch nicht nach Inanspruchnahme die Leistungsqualität zuverlässig beurteilen können[14] (Vertrauensgüter, vgl. Burger/Johne 1994, S. 113 f.). Hinzu kommt, dass bestimmte AdressatInnen im Kontext sozialer Arbeit nicht immer freiwillig Leistungen konsumieren, es kann nicht von einer Konsumentensouveränität gesprochen werden. Aber selbst bei Freiwilligkeit führt die Inanspruchnahme von Dienstleistungen nicht immer zu gewünschten Ergebnissen. Darauf basierend, dass die direkten KundInnen die (Mit-)ProduzentInnen der Ergebnisse sind, ist daher die Mitsprache der KlientInnen bei der Formulierung von Qualitätskriterien wesentlich, nicht nur aus moralischen, sondern auch aus technologischen Gründen, d. h. um sich die Mitarbeit der KlientInnen zu sichern (vgl. Heiner 1998, S. 68 ff.). KundInnenorientierung bedeutet aber nicht nur eine Orientierung an den Bedürfnissen der mittelbaren externen, sondern auch der unmittelbaren externen wie auch internen Kunden, woraus sich ein Spannungsfeld ergeben kann, gerade dann, wenn die internen und externen Qualitätsmaßstäbe der Kundinnen und Kunden in verbindlich festgelegte Qualitätskriterien umgewandelt werden sollen. Qualität wird damit zu einem Ergebnis eines aktiven Aushandlungsprozesses (wobei Qualität auch „zufällig" sein kann, sie muss nicht das Ergebnis eines Planungsprozesses sein).

Weiter ist zu beachten, dass manche Qualitätskriterien nicht aufgrund der zahlreichen differenten Anforderungen von Anspruchsgruppen nicht oder nur schwer in Einklang gebracht werden können, sondern weil sich diese von ihrer Natur her widersprechen: So kann der Versuch, ein Qualitätskriterium in einem bestimmten Kontext positiv zu maximieren (zum Beispiel Humanität und/oder Individualität), zur Minimierung eines divergenten, in einem anderen Kontext positiv zu bewertenden Qualitätskriteriums (zum Beispiel Normierung, Standardisierung) führen (vgl. Martin 1993, S. 27).

Qualität in Sozialen Organisationen – Definition

Die bisherigen Überlegungen zur Qualität zusammenfassend (siehe nachfolgende Abbildung), ist Qualität in Sozialen Organisationen im derzeitigen Verständnis das Ergebnis eines durch Aushandlungen geprägten, aktiven und bewussten Bewertungsprozesses von Produkten und Leistungen, Prozessen, Strukturen, Ergebnissen, Handlungen und Verhältnissen (Objekten) durch die von unterschiedlichen Interessen geleiteten Stakeholder der Organisation. Qualität bezieht sich auf die komplexe (Soll-)Beschaffenheit von Objekten Sozialer Organisationen, basierend auf der kontext- (und subjekt-)gebundenen Auswahl (Kontextqualität) der für Qualitätsbestimmungen als relevant zu betrachtenden Aspekte. Strukturiert und differenziert werden Qualitätsbestimmungen auf verschiedenen Ebenen (Struktur-, Prozess- und Ergebnisebene). Gesteuert und koordiniert werden sie durch das Management, wobei aus Organisationssicht Qualität in erster Linie darauf basiert, mehrperspektivische Kundenwünsche zu verstehen, zu koordinieren und dementsprechende Leistungen anzubieten.

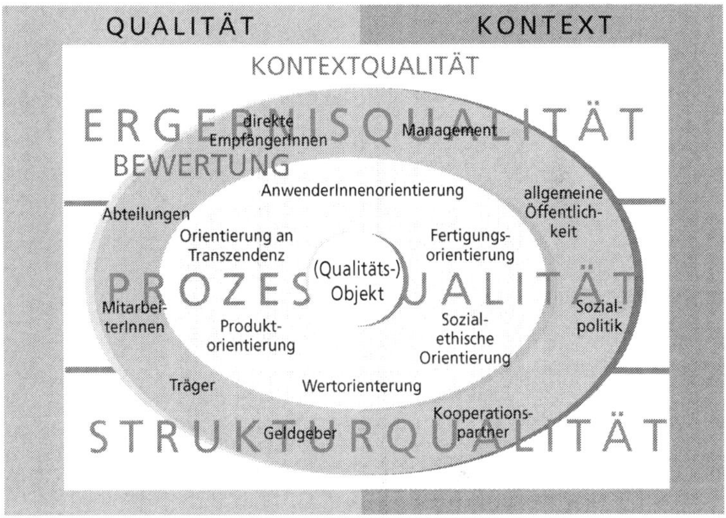

Die Komplexität der Qualität in Sozialen Organisationen. *Quelle:* Bettina Stoll.

4. Qualität und Management

Die Balanced Scorecard wird in dieser Arbeit als Management- und Qualitätsinstrument dargestellt, d. h., sie übernimmt beide Funktionen, wird aber hauptsächlich als Managementinstrument thematisiert, welches gleichzeitig und vor allem aus Sicht des Managements qualitative Funktionen übernimmt. Die notwendige Verbindung zwischen Management und Qualität wird in diesem Abschnitt – zunächst unabhängig von der Balanced Scorecard – aufgezeigt.

Qualität als Managementaufgabe – qualitätsorientiertes Management

Wie bereits dargestellt, wird Qualität in Sozialen Organisationen als ein Schlüsselkonzept bei der Steuerung der Leistungen Sozialer Organisationen betrachtet. Qualität gilt als ein strategischer Wettbewerbs- bzw. Erfolgsfaktor (siehe Kapitel 3, Abschnitt „Definition und Funktionen"). In diesem Kontext ist Qualitätsbestimmung und -entwicklung unter der notwendigen Beachtung fachlicher, politischer, gesellschaftlicher und ökonomischer Gesichtspunkte zu einer komplexen Aufgabe geworden, welche durch das Sozialmanagement gesteuert werden muss und zugleich das Sozialmanagement begründet. Nach Kölsch/Roerkohl 1996a, S. 36 können (vornehmlich aus Organisationssicht bzw. aus der Managementperspektive) folgende Gründe für die qualitätsorientierte Steuerung genannt werden:

Gründe qualitätsorientierter Steuerung

- Nachweisliche Erfüllung gesetzlicher Anforderungen
- Nachweisliche Umsetzung der Zielsetzung der Betreiber der jeweiligen Organisation
- Transparenz der Organisation und der Abläufe innerhalb der Organisation nach innen und außen
- Verbesserung der Stellung im Wettbewerb zwischen den NPOs
- Wirtschaftliche Leistungserbringung
- Bestmögliche Qualität der Leistungserbringung (aus Kundensicht)
- Möglichkeiten der lückenlosen Nachweisführung, das Möglichste im Hinblick auf die Qualität der Leistungserbringung getan zu haben
- Motivation der Mitarbeiter
- Bindung der Mitglieder
- Verbesserung der Finanzierungsmöglichkeiten

Im Kontext der qualitätsorientierten Steuerung ist häufig von *Qualitätsmanagement* die Rede, dessen Grundgedanke es ist, „den

Anspruch auf Qualität als Führungsaufgabe [Hervorhebung im Original] zu verstehen und alle MitarbeiterInnen im Sinne einer Identifizierung mit Qualitätszielen zu motivieren" (Bobzien/Stark/Straus 1996, S. 15). Durch das Management sollen Rahmenbedingungen geschaffen werden, die auf dem Leitbild der Organisation basierend aufzeigen, „welches die Art und Weise des Verhaltens gegenüber dem Kunden und der Inhalt sowie das Versprechen des Dienstleistungsprozesses ist" (Decker 1997, S. 559). Unter dem Begriff Qualitätsmanagement werden Aufgaben wie die Planung, Sicherung, Entwicklung und Kontrolle[15] von Qualität subsumiert (vgl. Puch/Westermayer 1999, S. 110). Vornehmlich aus der Organisations- bzw. Managementperspektive sollen eine bessere Organisation, optimierte Strukturen, marktgängige Dienstleistungen, motivierte MitarbeiterInnen und zufriedene Kunden und somit eine verbesserte Wettbewerbsfähigkeit erreicht werden (vgl. Künzli 1995, S. 20).

Durch die derzeitige Qualitätsdiskussion wird teilweise der Eindruck vermittelt, Qualitätsmanagement – gegenwärtig auch mit Qualitätsmanagementinstrumenten bzw. -systemen wie etwa DIN EN ISO 9000 ff. oder Total Quality Management (siehe Kapitel 6, Abschnitt „Qualitätsorientierte und -integrierende Funktionen der BSC") gleichgesetzt – sei ein von sonstigen Managementaufgaben losgelöstes Managementkonzept. Tatsächlich werden jedoch sämtliche Managementaufgaben und -funktionen von Qualitätsüberlegungen tangiert bzw. beeinflussen durch ihr Wesen Überlegungen bzw. Aussagen zur Qualität. So werden zum Beispiel im Rahmen der Managementfunktion „Planung" bereits innerhalb von Leitbildern Aussagen zur Qualität gemacht, das „Controlling" impliziert Soll-Ist-Vergleiche über angestrebte Ziele wie Qualitätsstandards oder intendiert eine Wirkungs- oder Zufriedenheitsevaluation. Mit der Managementfunktion „Führung" werden unter anderem auch qualitätsrelevante Ziele für MitarbeiterInnen und deren (Leistungs-)Beurteilung festgelegt, die „Organisationsfunktion" impliziert Prozessanalysen und -gestaltung. Da die genannten Aufgaben wie gezeigt integraler Bestandteil des Managements sind, sollten diesbezüglich ausgewählte Modelle und Instrumente über die notwendige Integrationsfähigkeit in die normalen Arbeitsabläufe verfügen. Vor allem die qualitätsorientierten Aufgaben „finden Akzeptanz und werden als sinnvoll erlebt, die sich in hohem Maße mit den üblichen Tätigkeiten überschneiden, unabhängig davon, ob die Ebene des Managements oder die der ausführenden Mitarbeiter angesprochen ist" (Schubert 1997, S. 27).

Statt von Qualitätsmanagement wird im Folgenden von einem *qualitätsorientierten Management* gesprochen. Neben einer Abgrenzung zu den derzeit gängigen QM-Systemen wird damit der Aspekt betont, dass Qualität in Verbindung mit den üblichen (strategischen) Managementaufgaben thematisiert wird: Erst wenn sich das Management in all seinen Funktionen und Aufgaben um Qualität bemüht, wird das Management selbst zum Qualitätsfaktor, d. h., es wirkt sich positiv auf die Qualität der Organisationsleistungen aus. Qualität ist Managementaufgabe, deren Intention es ist, die Erstellung der Dienstleistung so zu gestalten, dass die Anforderungen an ihre Qualität erfüllt werden können (vgl. Drabner/Pawelleck 1997, S. 27). Zudem scheint die Verwendung des Begriffes „qualitätsorientiertes Management" geeignet, da angenommen werden kann, dass in Zukunft nicht mehr von Qualitätsmanagement gesprochen werden wird, sondern diese Art des Qualitätsverständnisses und deren Umsetzung integraler Bestandteil jeder Sozialen Organisation sein wird.

Grundlegende qualitätsbezogene Aufgaben des Managements

Die Gesamtverantwortung und die Steuerung der Qualität unterliegen dem Management (Top-down-Ansatz), zu dessen Aufgabe es auch gehört, bei den MitarbeiterInnen – speziell bei der Einführung qualitätsorientierter Maßnahmen – ein Bewusstsein dafür zu schaffen, dass Qualität in allen Leistungen und Handlungen zu verankern ist und für eine Qualitätsentwicklung ihr Engagement von existenzieller Bedeutung ist (Bottom-up-Ansatz). Das Qualitätsbewusstsein der MitarbeiterInnen wird dabei wesentlich geprägt durch die Vorbildfunktion der Führungskräfte (vgl. Kreuter 1995, S. 1812). Erst beide Ansätze gemeinsam – Top-down und Bottom-up – auch kooperatives Management genannt, garantieren eine optimale Qualität. Erneuerungs- und Veränderungsprozesse produzieren meist Ängste und Widerstand. Gerade auch in Sozialen Organisationen wird der Einführung betriebswirtschaftlich ausgerichteter Maßnahmen noch häufig Ablehnung entgegengebracht. Dies muss bei der Einführung beachtet werden:

Es sind personelle Voraussetzungen zu schaffen, zum Beispiel durch Schulung der MitarbeiterInnen, ihre Einbeziehung in die Qualitätsverantwortung und/oder Erhöhung der Motivation der MitarbeiterInnen. In diesem Zusammenhang sind auch der Information von und Kommunikation mit MitarbeiterInnen große Bedeutung zuzumessen. Ihnen müssen Sinn, Zweck und Auswirkungen ihrer Arbeit klar sein und in Ziele gefasst werden. Die Generierung von Qualitätszielen ist als eine wichtige Managementaufgabe zu sehen. Zielsetzungen erlauben ein Feedback über das Qualitätsniveau der Arbeitsleistung, die Zielerreichung kann überprüft werden, erreichte Ziele dienen der weiteren Motivation.

Ein weiterer Aufgabenbereich liegt in der Schaffung der notwendigen organisatorischen Rahmenbedingungen, d. h. es müssen, um die Durchführung der qualitätssichernden Maßnahmen im Rahmen der betrieblichen Abläufe ermöglichen und integrieren zu können, Verfahrensschritte und Maßnahmen definiert, und diese den MitarbeiterInnen transparent gemacht werden. Dabei hat das Management auch für eine identifikationsfördernde Arbeitsstrukturierung zu sorgen, die dadurch erreicht werden soll, dass statt hierarchischer Arbeitsvorgaben Bestimmungen von Qualität und deren Kontrolle zum Beispiel durch die MitarbeiterInnen selbst erfolgen. Partizipative Teamkonzepte wie Qualitätszirkel, Lernstattzirkel, Teamarbeit sind diesbezüglich mögliche Formen. Durch eine höhere Identifikation sowohl mit der Qualitätsthematik wie auch mit den Arbeitsergebnissen wird eine höhere Qualität erwartet. Das dafür notwendige Arbeitsumfeld ist durch entsprechende Arbeitsplatzgestaltung, Arbeitsmittel, Weiterbildungen usw. vom Management bereitzustellen. Des Weiteren sind zum Beispiel Verantwortlichkeiten und Kompetenzen festzulegen, welche die Zusammenarbeit (zum Beispiel von unterschiedlichen Bereichen) überwachen. Darüber hinaus müssen technische Voraussetzungen erfüllt werden: Es müssen Betriebsmittel bereitgestellt werden, mit denen die Qualitätsforderungen bezüglich der Dienstleistungserbringung erfüllt werden können, hierzu gehört zum Beispiel auch der Einsatz und die Wartung von EDV-Anlagen und deren Software (vgl. Kölsch/Roerkohl 1996, S. 42 f. und Knoblauch/Schnabel 1992, S. 13 ff.).

„Motivierung der Mitarbeiter, Erkennen von Defiziten und weitere Qualifizierung der Mitarbeiter sowie die Definition von Qualitätspolitik und -zielen stellen ständige Führungsaufgaben dar" (Kreuter 1995, S. 1815): Über die – speziell im Rahmen eines Qualitätsmanagementsystems vorzunehmende – Schaffung der personellen, organisatorischen und technischen Voraussetzungen hinaus werden sämtliche Managementfunktionen und -aufgaben durch notwendige qualitätsbezogene Maßnahmen begleitet.

Qualitätsorientiertes strategisches Management – Handlungsbasis der Balanced Scorecard

3

1. Verortung des strategischen Managements

Die Betrachtung des Managements ist unter verschiedenen Gesichtspunkten möglich. So kann differenziert werden nach dem zu managenden Gegenstand (zum Beispiel Personalmanagement), dem Zweck (zum Beispiel Innovationsmanagement), der Zielrichtung (zum Beispiel gesellschaftlicher Nutzen der Dienstleistungen) oder der Vorgehensweise (zum Beispiel strategisches Management) (vgl. Hoefert 1990, S. 5). Die Balanced Scorecard ist im Bereich der Vorgehensweise des Managements zu verorten und als ein Instrument im strategischen Management zu definieren. Daher werden im Folgenden wesentliche Aspekte des strategischen Managements erläutert. Dabei wird unter anderem deutlich, dass strategisches Management und die Qualität Sozialer Organisationen und ihrer Leistungen auf eine „natürliche Weise" verbunden sind (zum Beispiel durch die Definition strategischer Ziele, mit denen Aussagen über die bewertete Beschaffenheit der Organisationsleistungen getroffen werden). Zum anderen wird aber auch deutlich, dass der Qualitätsaspekt auf der strategischen Ebene unterschiedlich stark betont werden kann. So wird etwa die Verankerung von Qualität als Erfolgsfaktor auf der strategischen Ebene empfohlen (aber nicht vorgeschrieben), da sich die Qualitätsorientierung nicht in operativen Einzelmaßnahmen erschöpfen darf.

Neben dem strategischen werden das normative und das operative Management unterschieden. Das normative Management befasst sich mit der Festlegung des Selbstverständnisses und der grundsätzlichen Werterhaltung sowie des prinzipiellen Marktauftretens der Organisation, das operative Management mit der Konkretisierung der Inhalte der Planung für das Tagesgeschäft. Das strategische Management ist zwischen dem normativen und dem operativen Management anzusiedeln.

Sämtliche der in Kapitel 1 (Abschnitt„Konzepte und Merkmale des Sozialmanagements") beschriebenen Funktionen und Aufgaben des Managements werden von diesen drei Managementebenen durchdrungen. Die grundsätzliche Übertragbarkeit der Prinzipien des strategischen Managements aus dem marktwirtschaftlichen Zusammenhang auf die hauptsächlich mit qualitativen Größen arbeitenden Sozialen Organisationen wird mit dem allgemein qualitativen Charakter[1] des strategischen Managements begründet (vgl. Horak 1993, S. 202).

Unterschiede im strategischen Management zwischen Sozialen Organisationen und gewinnorientierten Unternehmen liegen primär in der Auswahl und in der Ausgestaltung der spezifischen Managementinstrumente und darin, dass Soziale Organisationen in vielen Entscheidungssituationen mit komplexeren Problemstellungen (zum Beispiel durch die Vielzahl der Stakeholder, finanzielle und politische Abhängigkeiten usw.) konfrontiert sind (vgl. Horak/Matul/Scheuch 1999, S. 162).

2. Definition und Funktionen

> „Strategisches Management wird mit der *Steuerung und Koordinierung* [Hervorhebung im Original] der langfristigen Evolution eines Unternehmens [bzw. der Sozialen Organisation] unter Berücksichtigung der Interessen aller von den Unternehmensaktivitäten direkt oder indirekt Betroffenen identifiziert" (Kreikebaum 1995, S. 2006).

Dabei ist strategisches Management als ein Prozess der Strategieentwicklung zu betrachten, der von der Klärung grundlegender Ziele über die Analyse der aktuellen Ausgangslage bis hin zur Erarbeitung eines Maßnahmenplans zur Realisierung der Ziele reicht (vgl. Gmür 2000, S. 177).

Als *Hauptfunktion* des strategischen Managements ist die langfristige Bestandssicherung der Organisation zu sehen,[2] d. h. es sind Wettbewerbsvorteile und langfristig wirksame Effekte anzustreben. Zudem wird eine *Koordinationsfunktion* übernommen, d. h. das strategische Management baut auf Zielen auf, die als Richtschnur für die vielfältigsten Entscheidungen wirken und aus welchen sich Prioritäten für den Ressourceneinsatz ableiten lassen. Ressourcen sind dabei selektiv und konzentriert auf die wesentlichen strategischen Ziele hin auszurichten. Im Weiteren übernehmen die strategischen Ziele eine *Evaluationsfunktion*, da sie als Grundlage einer langfristigen Erfolgsbeurteilung einer Organisation und der Tätigkeit ihrer Träger dienen können. Strategisches Management hält dazu an, mögliche Ziele und die daraus folgenden Konsequenzen auszuloten (Reflexions- und Klärungsfunktion). Damit verbunden ist die *Integrationsfunktion*: Über die Klärung von Zielen und Grundsätzen kann eine Verständigungs- und Vertrauensbasis zwischen Organisationsspitze und -basis geschaffen werden und damit die gegenseitige Abstimmung in der Alltagsarbeit erleichtert werden. Integrativ Denken und Handeln heißt aber auch im Hinblick auf ein strategisches Ziel, alle relevanten Funktionen und Ressourcen aufeinander abzustimmen (vgl. Gmür 2000, S. 178 f.).

3. Strategien und ihre Bedeutung

Die Mission und Ziele einer Sozialen Organisation werden durch Strategien als Ideen von Zielen, die man erreichen will, umgesetzt. Gmür (2000, S. 177) definiert Strategien (entsprechend der übergreifenden Funktion bzw. der Hauptfunktion des strategischen Managements), als „die langfristigen Handlungsprogramme einer Organisation im Wettbewerb um knappe Ressourcen. Das gilt unabhängig davon, ob der Zweck der Organisation in der Gewinnmaximierung oder der Verwirklichung politischer und sozialer Ziele besteht. Dementsprechend erstreckt sich der Ressourcenwettbewerb von der Finanzierung über das Engagement und die Fachexpertise der Organisationsmitglieder, bis zur Anerkennung bzw. Unterstützung durch Kunden, Leistungsempfänger oder politische Entscheidungsträger ... Strategien dienen dazu, den langfristigen Bestand und die fortlaufende Entwicklungsfähigkeit einer Organisation zu gewährleisten ..."

Nach Drucker (1992, S. 99) sind für Soziale Organisationen drei Strategien existenziell: Solche, die Wissen über den Markt vermitteln, d. h. darüber, wer KundIn ist, wer KundIn sein sollte und wer KundIn sein könnte. Zudem braucht die Soziale Organisation Strategien, welche die Organisation dabei unterstützen, sich ständig zu verbessern und innovativ zu sein, sowie Strategien, die den Aufbau eines Geldgeberstamms ermöglichen.

Ackermann (2000, S. 24) weist darauf hin, dass die Strategie, obwohl deren Notwendigkeit in Organisationen unbestritten ist, vielmals nicht explizit ausgearbeitet wird. Sie ist nur ein Gedankenkonstrukt, mehr ein historisches denn ein planerisches Ergebnis oder ist aus nicht aufeinander abgestimmten Komponenten zusammengesetzt. Gerade auch für den gemeinnützigen Sektor muss ein Defizit in den Strategiekonzepten festgestellt werden, nicht zuletzt, weil entsprechende Managementkompetenzen nicht vorhanden sind (vgl. Beyer/Horneber 2002, S. 208). Anzustreben sind formulierte Strategien, die mess- und kontrollierbar sind (vgl. Horak/Matul/Scheuch 1999, S. 162).

4. Der Prozess des strategischen Managements

Die Darstellung eines einheitlichen, umfassend anerkannten Konzeptes für den optimalen Ablauf des strategischen Managements ist nicht möglich (vgl. Horak/Matul/Scheuch 1999, S. 162). Der Prozess des strategischen Managements kann nach Gmür (2000, S. 181) in fünf Abschnitte unterteilt werden:

- Klärung der grundlegenden Ziele,
- strategische Analyse,
- Strategieentwicklung,
- Strategieverankerung und
- Evaluation.

Die Klärung der grundlegenden Ziele resultiert in einem Katalog der wesentlichen langfristig zu erreichenden Ziele, die möglichst klar, eindeutig und widerspruchsfrei sein sollen, damit sie strategisch realisierbar sind. Die Ziele der Organisation wie auch die Ziele der Stakeholder sind zu integrieren bzw. auszubalancieren. Dabei sind auch die zentralen Qualitätsziele zu definieren, entweder in der Form, dass die formulierten und erreichten Ziele eine qualitative Aussage zulassen, oder dass gesondert Qualitätsziele aufgestellt werden.

Die strategische Analyse bezieht sich auf die Situationsanalyse, Organisationsanalyse und die Untersuchung der Wertvorstellungen. Grundsätzlich sollen die Möglichkeiten und Grenzen denkbarer strategischer Alternativen bestimmt werden. Durch die Situationsanalyse (auch Umfeld- oder externe Analyse) werden mittels Stakeholderanalysen, Befragungen, Informationen aus Bereichen der Sozialforschung etc. die aktuelle Position der Organisation im Wettbewerb, ihre Rahmenbedingungen und mögliche zukünftige Veränderungen erfasst. Analysiert wird das gesellschaftliche, das Branchen- und das Transaktionsumfeld im engeren Sinne. Die Organisationsanalyse (auch interne Analyse) erfasst die Ressourcen der Organisation, auf denen die besonderen Stärken und Schwächen im Wettbewerb beruhen. Untersucht werden Funktionsbereiche, wie die Finanzierung, das Personalwesen oder die Informationsverarbeitung, sowie Querschnittsfunktionen, wie die Effizienz, die Qualität oder die Innovationskraft. Die Situationsanalyse und die interne Analyse werden ergänzt durch die Analyse der

Wertvorstellungen der wichtigsten EntscheidungsträgerInnen, MitarbeiterInnen und sonstigen Anspruchsgruppen. Wertvorstellungen spielen in Sozialen Organisationen eine größere Rolle als im Profitbereich, können jedoch nur von den am Strategiefindungsprozess beteiligten EntscheidungsträgerInnen exakt erfasst werden. Sonstige Wertvorstellungen wie jene von KlientInnen können nur durch Erhebungen oder durch die Auswertung von Statistiken aufgenommen werden.

Abhängig davon, ob der Situations- oder Organisationsanalyse mehr Bedeutung zugemessen wird bzw. werden muss, bezieht sich die Strategieentwicklung auf positionsorientierte oder kompetenzorientierte Strategien. *Positionsorientierte Strategien*, deren schwerpunktmäßiger Ausgangspunkt die Situationsanalyse ist, „zielen darauf ab, sich unter gegebenen äußeren Bedingungen möglichst erfolgreich zu behaupten, attraktive Chancen zu nutzen und sich frühzeitig gegen Risiken zu wappnen" (Gmür 2000, S. 185). Auch die Ergebnisse der Organisationsanalyse werden herangezogen, um die bestehenden Defizite bezüglich der Ressourcen zu erkennen. *Kompetenzorientierte Strategien* basieren hauptsächlich auf der Organisationsanalyse und zielen auf den optimalen Einsatz vorhandener Ressourcen und auf die möglichst vielfältige Nutzung der Kernkompetenzen (zum Beispiel durch Veränderung des bestehenden Leistungsangebotes). Die Ergebnisse der Situationsanalyse werden zur Beurteilung der Wettbewerbschancen für das veränderte Leistungsangebot herangezogen. In der Praxis sind häufig Mischformen der beiden Strategietypen zu finden. Elementar ist, dass die Ergebnisse der externen und internen Analyse sowie die eruierten Wertvorstellungen aufeinander abgestimmt werden. Im Rahmen der Strategieverankerung soll durch Maßnahmen – bezüglich der Mitglieder, der Strukturen und Prozesse der Organisation – zur Realisierung des strategischen Plans beigetragen werden (zum Beispiel durch Umgestaltung des Leistungsprogramms, neue Aufgaben, neues Logo). Die Evaluation erfolgt durch ein Controlling (siehe Kapitel 6, Abschnitt „Managementdefizite als Ansatzpunkte der BSC"), das alle Funktionen zur laufenden Evaluation und Steuerung von Strategien in ihrer Umsetzung erfasst. Controlling übernimmt im Kontext des strategischen Managements eine Korrektur-, Antizipations- und Lernfunktion:

Eine Korrekturfunktion wird dadurch übernommen, dass Informationen über Abweichungen vom strategischen Plan für Korrekturhandlungen herangezogen werden. Kontrollen sollten nicht erst bei „Vollendung" des Plans durchgeführt werden, sondern es sollten bereits Teilrealisierungen überwacht werden (zum Beispiel durch regelmäßige Befragungen zur Zufriedenheit der NutzerInnen), um damit antizipativ potenzielle Planzielverfehlungen bzw. Anpassungserfordernisse zu identifizieren (Antizipationsfunktion). Durch Fehleranalysen kann für die Zukunft gelernt werden. Es vollzieht sich dabei ein Lernprozess, sowohl bezogen auf eine optimierte Planung und Implementation als auch auf die Weiterentwicklung der strategischen Kontrollabläufe (vgl. Horak 1993, S. 204 ff. und Gmür 2000, S. 181 ff.).

Hilfreiche Fragestellungen für den Einstieg in die Strategiediskussion der Sozialen Organisation können in Anlehnung an Friedag/Schmidt (2002, S. 49) formuliert werden:

- Welche wirtschaftlichen, politischen, juristischen, sozialen und kulturellen Aspekte könnten für die Soziale Organisation in den nächsten drei bis zehn Jahren relevant sein?
- Von welchen Wettbewerbern würden wir erwarten, dass sie zukünftig besser bzw. schlechter dastehen als heute und warum?
- Bestehen Parallelen zur eigenen Organisation, bestehen ähnliche Stärken und Schwächen?
- Welcher Trend ist wirklich relevant für uns?

5. Ebenen des Strategiebildungsprozesses

Betrachtet man die Ebenen des Strategiebildungsprozesses

- Gesamtorganisationsstrategie,
- strategische Geschäftsfelder-Strategien,
- Stakeholder-Strategien,
- Funktional-Strategien,
- Strategiebewertung,
- Maßnahmenplanung/Strategische Budgetierung (vgl. Horak/Matul/Scheuch 1999, S. 167),

steht an oberster Stelle die Entwicklung der Gesamtorganisationsstrategie, die als Summe der aufeinander abgestimmten Strategien für die einzelnen Geschäfts- bzw. Leistungsbereiche der Sozialen Organisation definiert werden kann:[3] Mittels der durch verschiedene Analysen gesammelten Informationen und anhand des entwickelten Leitbilds kann sich die Soziale Organisation in einem bestimmten Umfeld positionieren und die Mission durch die Festlegung strategischer Stoßrichtungen konkretisieren. Dabei ist die Soziale Organisation in ihrer strategischen Positionierung von einer ausgeprägten Umfeldorientierung (durch die multiplen Interessengruppen) abhängig, zudem sollte sie sich auf ihre Kernkompetenzen beziehen.

Die Formulierung der strategischen Ziele basiert auf dem Zielsystem der Sozialen Organisation. Dazu werden die Leistungserbringungs-, die Verfahrens- und die Potenzialziele herangezogen (siehe Kapitel 1, Abschnitt „Spezifika und aktuelle Tendenzen in den Rahmenbedingungen Sozialer Organisationen"). Im Rahmen der strategischen Zielformulierung ist zu eruieren, welche Leistungen zur Bedürfnisbefriedigung der Stakeholder notwendig sind (Leistungserbringungsziele), welche Mittel und Leistungskapazitäten erforderlich sind, um Leistungen zu erbringen (im strategischen Bereich geht es dabei um das längerfristige Aufbauen von Erfolgspotenzialen – Potenzialziele) und wie die Soziale Organisation konkret vorgehen muss, um den Leistungs- und Potenzialzielen gerecht zu werden (Verfahrensziele). Für die Umsetzung der Strategien sind Aktionspläne zu entwickeln.

Ein strategisches Geschäftsfeld (SGF) ist eine von anderen Leistungsbereichen der Organisation trennbare „Produkt-Markt-Kombination",[4] für die eine eigenständige Strategie entwickelt werden sollte. Durch Festschreibung der spezifischen Strategien bezüglich der Stakeholder werden die Zielgruppen der Organisation festgelegt, zudem wird bestimmt, welche Stakeholder für die Organisation als wichtig angesehen werden und der Umgang mit diesen determiniert. Funktionale Strategien beziehen sich auf die betrieblichen Funktionen. So sind in Abstimmung mit den Geschäftsfeldern und den Stakeholder-Strategien Strategien zu entwickeln, die zum Beispiel das Marketing, die Personal- oder Finanzierungsplanung betreffen. Durch die Bewertung werden aus mehreren Alternativen die besten Strategien ausgewählt. Hinzu kommt, dass die finanziellen Auswirkungen (strategische Budgetierung) der einzelnen Strategien geplant werden müssen (vgl. Horak/Matul/Scheuch 1999, S. 167 ff. und Horak 1993, S. 203 ff.).

Die Balanced Scorecard – Grundlagen und Begriffe

4

1. Originärer Kontext und Funktion der Balanced Scorecard

Die Balanced Scorecard (ausgewogener Berichtsbogen) wurde Anfang der 90er-Jahre vorrangig aus den Notwendigkeiten betriebswirtschaftlicher Unternehmen entwickelt. Kaplan/Norten (1997, S. 1 ff.), die Begründer der Balanced Scorecard (BSC), gehen (mit einem leicht nachzuvollziehenden und logischen Gedanken) davon aus, dass Unternehmen heute derart komplex sind und in einem ebensolchen Umfeld agieren, dass sie nicht mehr – wie vor Jahrzehnten für kleine Transaktionen zwischen unabhängigen Organisationen üblich – rein durch finanzielle Ergebniskennzahlen gesteuert werden können. Im derzeitigen Wettbewerbsumfeld (geprägt durch Globalisierung, notwendige Spezialisierung von Fähigkeiten, veränderte Kundenbeziehungen, permanente Innovation, Notwendigkeit von lernenden und Wissen schaffenden MitarbeiterInnen) erfordert es das Geschick eines Unternehmens, auch seine Sachanlagen (zum Beispiel Informationssysteme) oder nicht-physischen Vermögenswerte (zum Beispiel intellektuelles Kapital) zu mobilisieren und zu verwerten. Exemplarisch verweisen Kaplan/Norton auf ein Flugzeug, welches ebenfalls nicht mit nur einem Instrument (zum Beispiel Fluggeschwindigkeitsmesser) geflogen werden kann, sondern der Pilot zur erfolgreichen und sicheren Steuerung weitere Instrumente wie Kraftstoffanzeige, Höhenmesser etc. benötigt.

Die lange Zeit vordergründige Orientierung an finanziellen Ergebniskennzahlen ist nicht nur sehr eingeschränkt, sondern auch auf die Vergangenheit bezogen; es werden bereits vergangene Ereignisse gemessen und nicht die Potenziale, die in der Zukunft wertschöpfend sind. Mit der Balanced Scorecard wird nun ein Instrument zur Verfügung gestellt, welches finanzielle Kennzahlen vergangener Leistungen um die treibenden Faktoren zukünftiger Leistungen ergänzt. Dazu werden die Ziele des Unternehmens bzw. einer strategischen Geschäftseinheit von der Vision (bzw. Mission) und der Strategie des Unternehmens abgeleitet und entsprechende Kennzahlen entwickelt. Relevant sind dabei nicht nur finanzielle Ziele und Kennzahlen, sondern auch solche, die sich auf die Kunden (Kundenperspektive), die internen Geschäftsprozesse (Perspektive der internen Geschäftsprozesse) und das Lern- und Entwicklungspotenzial (Lern- und Entwicklungsperspektive) der Organisation beziehen (siehe S. 86 ff.).

Vision/Mission

⬇

Strategie

⬍

Balanced Scorecard

Finanzperspektive	
betrifft das Auftreten gegenüber Stakeholdern zum Zwecke des finanziellen/wirtschaftlichen Erfolgs	
Kundenperspektive	➡ Strategische Ziele
betrifft das Auftreten gegenüber Kunden zur Verwirklichung der Vision	
Perspektive der internen Geschäftsprozesse	➡ Kennzahlen
betrifft die notwendige Exzellenz in Geschäftsprozessen zur Befriedigung der Stakeholder	➡ Vorgaben
Lern- und Entwicklungsperspektive	
betrifft die Förderung der Veränderungs- und Wachstumspotenziale zur Verwirklichung der Vision	➡ Maßnahmen
„Zusätzliche Perspektive"	
„... optionale Formulierung zusätzlicher unternehmensspezifischer, ebenfalls strategisch relevanter Ziele"	

Die Umsetzung der Vision und Strategie durch die Balanced Scorecard. *Quelle:* Bettina Stoll (vgl. auch Kaplan/Norton 1997, S. 9).

Grundlegend wird beim Einsatz der BSC davon ausgegangen, dass nicht nur finanzielle, sondern auch nichtfinanzielle (immaterielle bzw. „weiche") Erfolgspotenziale messbar und durch Kennzahlen erfassbar sind.

Aufgrund der teils unterschiedlichen, teils synonymen Verwendung der Begriffe Mission und Vision ist an dieser Stelle eine Begriffsklärung vorzunehmen: Bei einer unterschiedlichen Verwendung der Begriffe wird die Vision als Beschreibung dessen, wie die Organisation in Zukunft aussehen möchte, verstanden, und die Mission als Beschreibung des Zwecks eines Unternehmens (vgl. Wolter 2000, S. 35 f., vgl. auch Friedag/Schmidt 2000, S. 22). Kaplan/Norton (1997) verwenden die Begriffe Mission und Vision synonym; Berens/Karlowitsch/Mertes (2000, S. 25) weisen darauf hin, dass „die aus Unternehmen bekannte Funktion der Vision im Zuge des Aufbaus einer Balanced Scorecard bei NPOs die Mission übernimmt". In dieser Arbeit werden die Termini *Vision* und *Mission* teilweise synonym verwandt und als Beschreibung der Existenzgrundlage der Organisation verstanden, mit der kurz und prägnant der Zweck und Auftrag ausgedrückt werden. Die Mission (Vision) repräsentiert die Wünsche und Erwartungen der Stakeholder und stellt den Rahmen für die restlichen Zielvorstellungen dar. Ausgangspunkt der Missionsfestlegung ist die Umfeld- und Organisationsanalyse (vgl. Horak 1993, S. 166 u. 209). Teilweise werden die Begriffe jedoch auch unterschieden, die jeweilige Verwendung wird an den entsprechenden Stellen deutlich.

Kennzahlen, in der BSC auch *Messgrößen* oder *Maßgrößen* genannt, sind quantitative Daten in Form von absoluten Zahlen (zum Beispiel Summen, Mittelwerte) und/oder Verhältniszahlen (zum Beispiel Beziehungszahlen). Sie informieren in konzentrierter Form über Fakten, Tendenzen und Vorgänge und erlauben einen Überblick über die Situation und Entwicklung der Organisation. Bestimmte Vorgänge der betrieblichen Funktionsbereiche können direkt quantitativ dargestellt werden, teilweise müssen qualitative Abläufe indirekt über Indikatoren in Zahlenform dargestellt werden (vgl. Exner 1998, S. 260). Erst durch die Transformation in Kennzahlen (zum Beispiel Umsatz, Personalaufwand, Cashflow[1]) werden Vorgänge steuerbar und die Unternehmenszielerreichung überprüfbar.

Kennzahlen sind mit Vorgaben zu verbinden, d. h. mit einem zu erreichenden Soll bzw. einem Zielwert (so könnte zum Beispiel der „Zeitbedarf für die Kreditgewährung einer Bank" (Kennzahl), mit einem Zielwert von „24 Stunden" verbunden werden). Mit der BSC werden Kennzahlen „zur Formulierung und zur Kommunikation der Unternehmensstrategie sowie zur Ausrichtung persönlicher, abteilungsübergreifender und unternehmensbezogener Aktivitäten auf ein gemeinsames Ziel" herangezogen (Kaplan/Norton 1997, S. 24):

> „Die Balanced Scorecard übersetzt Mission und Strategie in Ziele und Kennzahlen und ist dabei in vier verschiedene Perspektiven unterteilt ... Die Scorecard schafft einen Rahmen, eine Sprache, um Mission und Strategie zu vermitteln. Sie verwendet Kennzahlen, um Mitarbeiter über Erfolgsfaktoren für gegenwärtigen und zukünftigen Erfolg zu informieren. Durch genaue Artikulation der gewünschten Ergebnisse und der dahinter stehenden Leistungstreiber hoffen Manager, die Energien, Potenziale und das Spezialwissen der Mitarbeiter der gesamten Organisation auf die Erreichung langfristiger Ziele hin auszurichten" (Kaplan/Norton 1997, S. 23).

Die „Balance" der Scorecard steht zum einen dafür, dass eine Ausgewogenheit zwischen extern orientierten Messgrößen für die Teilhaber und Kunden und internen Messgrößen für kritische Geschäftsprozesse, Innovation sowie Lernen und Wachstum intendiert ist. Ausgewogenheit meint aber auch, dass die Kennzahlen eine Balance zwischen den Messgrößen der Ergebnisse vergangener Tätigkeiten und den Kennzahlen, die zukünftige Leistungen antreiben, halten wie auch hinsichtlich der objektiven, leicht zu quantifizierenden Ergebniskennzahlen und der subjektiven, urteilsabhängigen Leistungstreiber der Ergebniskennzahlen (vgl. Kaplan/Norton 1997, S. 10). Messgrößen vergangener Tätigkeiten (Ergebniskennzahlen) werden auch Spätindikatoren (zum Beispiel die Positionen der Bilanz, Return on Investment,[2] Kundenzufriedenheit) genannt. Sie beruhen auf Daten, die am Schluss betriebswirtschaftlicher Prozesse gemessen werden.

Kennzahlen, welche zukünftige Leistungen antreiben, werden Frühindikatoren und/oder Leistungstreiber (zum Beispiel Wachstum der Anfragehäufigkeit nach einem Produkt, Ausbildungsniveau der MitarbeiterInnen) genannt, sie sind auf den Beginn bzw. die frühen Phasen eines Prozesses orientiert. Sie beziehen sich auf die Messung jener Vorgänge, welche die Erreichung zukünftiger Ziele heute sicherstellen, und reflektieren die Besonderheiten der Strategie einer Geschäftseinheit bzw. Organisation (vgl. Friedag/Schmidt 2000, S. 42 f. und Kaplan/Norton 1997, S. 144).

2. Grundlagen der BSC als Managementinstrument

Kaplan/Norton bezeichnen die BSC sowohl als Managementinstrument als auch als Managementsystem, eine Begriffsdifferenzierung wird nicht vorgenommen. Diese Bezeichnungen werden entsprechend im Folgenden synonym verwandt, wobei ein Instrument als „ein Werkzeug, eine Methode bzw. Maßnahme, die zur Umsetzung oder Ausführung dient" (Eschenbach 1998, S. 3), definiert wird und ein Managementinstrument den instrumentellen Einsatz von Maßnahmenbündeln oder Einzelmaßnahmen meint, um Organisationen zu führen und Ziele zu erreichen (vgl. Eschenbach 1998, S. 4).

Die BSC ist als ein Managementinstrument zu verstehen, das den organisatorischen Rahmen für alle Managementprozesse bildet. Nach Kaplan/Norton (1997, S. 11) ist es Sinn und Zweck der BSC, durch eine langfristige Verfolgung der Strategie kritische Managementprozesse zu meistern, und zwar bezüglich

- der Klärung und dem Herunterbrechen von Vision und Strategie,
- der Kommunikation und Verknüpfung von strategischen Zielen und Maßnahmen,
- der Planung, Festlegung von Zielen und Abstimmung strategischer Initiativen,
- der Verbesserung von strategischem Feedback und Lernen.

Klärung und Herunterbrechen von Vision und Strategie

Durch die Klärung und das Herunterbrechen von Vision und Strategie beginnt der Scorecard-Prozess. Das Management beginnt mit einem ausgewählten Team, die Strategie in spezifische strategische Ziele zu übersetzen. In Kapitel 3 wurden Strategien bereits näher thematisiert, mit der BSC werden strategische Ziele aus der Strategie abgeleitet, beschrieben und mit einer Messgrößen/Zielwert-Kombination verbunden. Beispiel: Dem Kunden soll das Produkt innerhalb kürzester Zeit zur Verfügung gestellt werden (strategisches Ziel), und das mit einer Lieferzeit (Messgröße) von weniger als 36 Stunden (Zielwert). Wie auch eine Strategie nicht alle Ziele des Unternehmens, sondern nur ausgewählte Zielrichtungen, die das Unternehmen auf dem Markt positionieren, enthält, impliziert auch die BSC nur die wichtigsten Ziele (vgl. Horváth und Partner 2000, S. 26f.).

> „Eine erfolgreiche BSC vermittelt somit die Strategie anhand eines integrierten Katalogs finanzieller und nicht finanzieller Kennzahlen" (Kaplan/Norton 1997, S. 142).

Nach Horváth und Partner (2000, S. 32) erfordert die Komplexität einer Organisation mindestens 15 Ziele. Um eine Konzentration und Steuerbarkeit zu gewährleisten, dürfen maximal 25 Ziele in einer Balanced Scorecard aufgenommen werden, entsprechend sind für jede Perspektive in der Regel vier bis sieben Kennzahlen notwendig.

Zum einen ist zu überlegen, welche finanziellen Ziele betont werden sollen. In Bezug auf die Kundenperspektive wird zum anderen festgelegt, welche Kunden- und Marktsegmente ausgewählt werden sollen. Im Anschluss an die Bestimmung der finanziellen Ziele und der Kundenziele werden die Ziele (und Kennzahlen) für die internen Geschäftsprozesse determiniert. Dabei kommt es nicht nur darauf an, existierende Prozesse zu verbessern, sondern auch darauf, neue interne Prozesse zu identifizieren, auf die sich die Organisation konzentrieren muss, um mit ihrer Strategie erfolgreich zu sein. Mit Zielen im Bereich der Lern- und Entwicklungsperspektive wird die zur Erreichung der Ziele der anderen Perspektiven notwendige Infrastruktur geschaffen: Ziele bezüglich der Investitionen in die Personalweiterbildung, in die Informationstechnologie und -systeme sowie in andere Organisationsabläufe werden hier festgelegt.

Kommunikation und Verknüpfung von strategischen Zielen und Maßnahmen

Als weiterer wichtiger Prozess gilt das Kommunizieren und Verknüpfen von strategischen Zielen und Maßnahmen. Die strategischen Ziele der Balanced Scorecard werden im gesamten Unternehmen, beispielsweise durch Firmenzeitschriften, Aushänge, elektronische Medien etc., verbreitet. Es soll allen MitarbeiterInnen, BereichsleiterInnen, Vorständen etc. vermittelt werden, welche strategischen Ziele für den

Erfolg des Unternehmens angestrebt werden. Auf Vorstands- bzw. Managementebene (bei mehreren Managementebenen in der Organisation) wird bzw. muss der Dialog gefördert werden, um letztendlich auch deren Zustimmung und Unterstützung zur Implementierung und Umsetzung der BSC zu erhalten. Wenn die MitarbeiterInnen die Ziele verstanden haben, können die in deren Bereichen (geplanten) Aktivitäten mit den Erfolgsfaktoren des gesamten Unternehmens verknüpft werden. Letztendlich sollen einzelne Aktionspläne formuliert werden, die zur langfristigen Zielerreichung in der Geschäftseinheit beitragen. Es muss überprüft werden, ob die laufenden Initiativen die zu erreichenden Ziele unterstützen oder ob neue Initiativen notwendig sind. Initiativen, auch Maßnahmen, Programme oder Projekte genannt und als strategische Aktionen zusammengefasst, können einzelne Maßnahmen, Maßnahmenbündel und die verschiedensten Arten von Projekten umfassen (zum Beispiel Total Quality Management, Empowerment, vgl. Horváth und Partner 2000, S. 46 und 341). Sämtliche Maßnahmen im Unternehmen werden in die notwendigen Veränderungsprozesse eingebunden.

Planung, Festlegung von Zielen und Abstimmung strategischer Initiativen

Aufgrund der Planung, Festlegung von Zielen und Abstimmung strategischer Initiativen ist die BSC in einen langfristigen Planungsprozess zu integrieren, da sie zu Veränderungen in der gesamten Organisation beitragen soll. Das Management legt Ziele für drei bis fünf Jahre im Voraus fest, die derart beschaffen sein sollten, dass sie eine außerordentliche Leistung, d. h. eine Herausforderung für die Organisation oder Geschäftseinheit darstellen (für ein Unternehmen wird zum Beispiel das Ziel der Verdoppelung des Ertrages aus investiertem Kapital vorgeschlagen). Bei und nach Festlegung der Ziele ist auf deren Zusammenhang und eine entsprechende Verknüpfung zu achten, um die entscheidenden treibenden Faktoren identifizieren zu können (siehe „Die Perspektiven der Balanced Scorecard"). Aus der Festlegung der Ziele und Kennzahlen resultieren Initiativen, die notwendig sind, um von dem derzeitigen Leistungsniveau auf den Zielzustand zu kommen. Initiativen, die keinen relevanten Einfluss auf die Zielsetzungen haben, werden eingestellt oder eingeschränkt. Mit der langfristigen Planung muss die BSC jedoch gleichzeitig mit den jährlichen Maßnahmen (Ressourcenallokation und Budgetierung) verknüpft und Meilensteine für die verschiedenen Kennzahlen gesetzt werden. So können kurzfristige Planfortschritte innerhalb des langfristigen Plans überprüft und festgestellt werden.

Verbesserung von strategischem Feedback und Lernen

Die Verbesserung von strategischem Feedback und Lernen wird als der innovativste und wichtigste Aspekt des Managements durch die BSC gesehen, denn durch sie wird die Möglichkeit einer lernenden Organisation auf der Geschäftsführungsebene geschaffen. Durch die BSC erhält das Management Rückmeldung über Strategien und über die Richtigkeit der Hypothesen, auf denen die Strategien gegründet sind. Monatlich (operativer Review) bzw. vierteljährlich (strategischer Review) kann überprüft werden, ob die Ziele der verschiedenen Perspektiven erreicht wurden, zudem kann in etwa prognostiziert werden, ob die Zukunftserwartungen aufrechterhalten werden können. Der strategische Lernprozess[3] mit einer BSC unterscheidet sich von diesbezüglichen anderen Vorgehensweisen des Managements. Dort werden Plan und Ziele auf oberster Ebene gebildet, untere Ebenen führen „Befehle" aus, um den Plan zu erfüllen. Ausführungs- und Steuerungssysteme werden zu dem Zweck gebildet, dass alle im Einklang mit dem strategischen Plan der Geschäftsleitung arbeiten. Ziele und Methoden zur Zielerreichung werden nicht in Frage gestellt. In den sich derzeit ständig verändernden Umfeldern von Unternehmen können sich jedoch neue Strategien und Herausforderungen ergeben, die zum Zeitpunkt der Strategieformulierung noch nicht vorhersehbar waren. Über die (auf alle Ausführungsebenen bezogene) Beobachtung der Entwicklung zu den Kennzahlen und deren Auswirkung auf die Zielerreichung kann die Lebensfähigkeit und die Gültigkeit der Strategie überprüft werden. Der strategische Lernprozess, der mit der Visions- und Strategiefindung beginnt, über den Kommunikations- und Verknüpfungsprozess sowie den Planungs-, Zielsetzungs- und Abstimmungsprozess andauert, resultiert so in einem (erneuten) Überdenken der Vision und der Strategie (vgl. Kaplan/Norton 1997, S. 11 f. und 192 ff.).

Bis die Balanced Scorecard in den regulären Managementzyklus integriert ist, vergehen ungefähr 24 bis 36 Monate, für die reine Entwicklung einer BSC (Auswahl der Organisationseinheit, Definition der strategischen Zielsetzungen, Auswahl der strategischen Kennzahlen und Erstellung des Umsetzungsplanes) muss, je nach Verfügbarkeit der beteiligten Personen, mit ca. 16 Wochen gerechnet werden (vgl. Kaplan/Norton 1997, S. 268 und 298).

3. Perspektiven der Balanced Scorecard in Profitunternehmen

Es wurde vorstehend bereits darauf hingewiesen, dass mit der Balanced Scorecard ein Instrument zur Verfügung steht, welches finanzielle Kennzahlen vergangener Leistungen um die treibenden Faktoren zukünftiger Leistungen ergänzt. Die Ziele des Unternehmens bzw. einer strategischen Geschäftseinheit werden von der Mission und der Strategie des Unternehmens abgeleitet und entsprechende Kennzahlen entwickelt, die neben der Finanzperspektive entweder der Kundenperspektive, der Perspektive der internen Geschäftsprozesse oder der Lern- und Entwicklungsperspektive zugeordnet werden können. Das grundlegende Vorgehen bezüglich der vier Perspektiven kann schematisiert werden: Ackermann (2000, S. 39 f.) beschreibt hierzu zwei Standardmodelle (vgl. auch Friedag/Schmidt 2000, S. 114):

Zum Ersten das „Standard-E-Modell", welches sich an den Entscheidungsphasen orientiert: Nachdem im 1. Schritt der BSC-Teamauftrag definiert, das Team zusammengestellt und ein Arbeits- und Zeitplan bestimmt ist, werden im 2. Schritt die Vision, Mission und die Strategie des Unternehmens festgelegt. Danach werden im 3. Schritt für alle Perspektiven die strategischen Ziele bestimmt, erst dann alle Maßgrößen (4. Schritt) für alle Perspektiven festgelegt, jeweils nach Abschluss des vorherigen Schrittes dann alle Sollwerte (5. Schritt) und dann alle Aktionsprogramme (6. Schritt) definiert. Als 7. Schritt erfolgt die Abschlusspräsentation der erarbeiteten Inhalte.

Zum Zweiten das „Standard-P-Modell", welches sich auf die sukzessive Bearbeitung der einzelnen Perspektiven bezieht. Es ist mit dem „Standard-E-Modell" in Schritt 1 bis 2 und 7 identisch, unterscheidet sich dann im Folgenden, da es sich bei Schritt 3 bis 6 jeweils um die komplette Bearbeitung – von den strategischen Zielen bis zu den Aktionsplänen – einer Perspektive handelt. Erst nachdem die Tabelle einer Perspektive gänzlich ausgefüllt ist, wird die nächste Perspektive in Anspruch genommen.

Hinsichtlich der jeweiligen Inhalte der vier Perspektiven werden mit der *Finanzperspektive* Ziele, Kennzahlen etc. definiert, die einen Überblick über die wirtschaftlichen Konsequenzen bereits umgesetzter Aktionen geben. Zielsetzungen dieser Perspektive resultieren aus der Frage nach den Erwartungen der Kapitalgeber und aus der Frage, wie das Unternehmen aufzutreten hat, um finanziellen Erfolg zu haben. Ein strategisches Ziel der Finanzperspektive wäre beispielsweise ein „schnelles Wachstum", die Messgröße bzw. Kennzahl wäre hierfür das „Umsatzwachstum", ein möglicher Zielwert dieses Wachstums „20 Prozent", eine Maßnahme, um dies zu erreichen, wäre etwa der „Kauf von drei Unternehmen". Im Kontext wirtschaftlicher Unternehmen übernehmen finanzwirtschaftliche Ziele eine Doppelrolle: Sie definieren zum einen die finanzielle Leistung, die von der Strategie erwartet wird (in der Regel immer höhere Erträge für das investierte Kapital), und zum anderen dienen sie als Endziele für die Ziele und Kennzahlen der anderen Perspektiven.

Der *Kundenperspektive* liegt die Frage zugrunde, wie das Unternehmen und seine MitarbeiterInnen gegenüber den Kunden aufzutreten haben, um die Vision verwirklichen zu können und welche Ziele hinsichtlich der Kundenstruktur und den Anforderungen der Kunden zu setzen sind. Mittels der Kundenperspektive werden durch das Management zuerst die Kunden- und Marktsegmente definiert, in denen konkurriert werden soll, daraus abgeleitet werden Ziele zur Leistung in diesen Marktsegmenten. Dabei sollten sowohl allgemeine, segmentübergreifende Kennzahlen wie Kundenzufriedenheit, Kundentreue, als auch differenziertere Kennzahlen für Wertvorgaben[4] verankert werden, die in den spezifischen Marktsegmenten[5] erreicht werden sollen und die von Branche zu Branche und je nach Marktsegment unterschiedlich sind (zum Beispiel pünktliche Lieferung). Ein strategisches Ziel der Kundenperspektive könnte zum Beispiel sein, dass „neue Kunden gewonnen" werden. Die Messgröße kann der „Anteil der Neukunden" am „Gesamtumsatz" sein,

ein Zielwert wäre hierfür zum Beispiel 20 Prozent. Eine Maßnahme zur Gewinnung von Neukunden wäre ein entsprechendes „Akquisitionsprogramm".

Die Identifikation der Prozesse, die zu verbessern sind, um das Unternehmen dazu zu befähigen, dass es die in der Kundenperspektive und Finanzperspektive definierten Ziele erreichen kann, wird mit der internen *Prozessperspektive* vorgenommen. Der Unterschied zwischen herkömmlichen Ansätzen und der BSC ist, dass nicht nur bereits existierende Prozesse überwacht und verbessert werden, sondern auch neue Prozesse eruiert werden, mit denen ein Unternehmen die Kundenzufriedenheit erreichen kann. Mit den Zielen, die innerhalb der Prozessperspektive formuliert werden, wird deutlich, welchen der Geschäftsprozesse im Unternehmen eine zentrale Funktion für die Erreichung der Strategie zugeschrieben wird bzw. werden soll. Des Weiteren werden Innovationsprozesse in die Prozessperspektive integriert: Bezüglich der Produkte und Dienstleistungen der Unternehmen werden nicht nur ihre gegenwärtigen Prozesse betrachtet und diejenigen optimiert, die eine kurzfristige Wertschöpfung[6] garantieren (zum Beispiel ein existierendes Produkt wird unter dem Preis, den das Unternehmen dafür bekommt, produziert und geliefert), sondern es werden bei Bedarf auch neue Produkte und Dienstleistungen geschaffen (nach Feststellung der Eigenschaften der Marktsegmente). Der Innovationsaspekt ist als langfristiger Aspekt der Wertschöpfung (zum Beispiel Erreichung neuer Kundengruppen) zu betrachten. Im Gesamten beinhaltet die interne Prozessperspektive Ziele und Maßnahmen für den langfristigen Innovationszyklus, den kurzfristigen Betriebsprozess und den Kundendienstprozess.[7] Ein strategisches Ziel ist zum Beispiel „kurze Entwicklungszeiten", verbunden mit der Messgröße „Anzahl der Produkte, mit denen das Unternehmen als erstes am Markt war" und dem Zielwert „5". Maßnahmen würden die „Optimierung der Forschungs- und Entwicklungsprozesse" betreffen.

Mit der vierten Perspektive – der *Lern- und Entwicklungsperspektive* (an anderer Stelle auch Innovations-,[8] Zukunfts-, Wissens- oder Potenzialperspektive genannt) – werden Ziele und Kennzahlen zur Förderung einer lernenden und wachsenden Organisation formuliert. Mit ihr wird die zur Erreichung der Ziele der drei anderen Perspektiven notwendige Infrastruktur geschaffen. Dabei wird vor allem die Bedeutung von Investitionen in die Zukunft bezüglich der MitarbeiterInnenpotenziale, der Potenziale von Informationstechnologien und -systemen und in die Motivation, Empowerment und Zielausrichtung der MitarbeiterInnen betont. Es soll ausgeschlossen werden, dass Investitionen in diese Potenziale zugunsten kurzfristiger finanzieller Leistungen gekürzt werden. Ausgegangen wird davon, dass Ideen zur Verbesserung von Leistungen und Prozessen von den MitarbeiterInnen der Basis kommen müssen. Notwendig sind Weiterbildungsmöglichkeiten für MitarbeiterInnen, damit sie ihr kreatives Potenzial einsetzen. Personalbezogene Kennzahlen sind zum Beispiel die MitarbeiterInnenzufriedenheit, Personaltreue und MitarbeiterInnenproduktivität. Auch die Potenziale von Informationssystemen müssen beachtet werden. Unter Informationssysteme werden Maßnahmen und Instrumente verstanden, die Informationen über Kunden, interne Prozesse und finanzielle Konsequenzen der Entscheidungen im Unternehmen erfassen und liefern. Zugleich sind sie die Basis eines Feedbacksystems über erzeugte Produkte oder ausgeführte Dienstleistungen (nur so können Verbesserungen vorgenommen werden). Die Anzahl von eingereichten und umgesetzten Verbesserungsvorschlägen kann eine Kennzahl für die Motivation der MitarbeiterInnen sein, eine Messung der unternehmensweiten und individuellen Zielausrichtung kann zum Beispiel durch die Kennzahl „Anzahl der MitarbeiterInnen, die ihre persönlichen Ziele mit der BSC in Einklang gebracht haben" erfolgen. Ein strategisches Ziel der Lern- und Entwicklungsperspektive wäre zum Beispiel der „Zugang zu strategischen Informationen (Branche, Wettbewerber, Kunden, Markt)", die Kennzahl könnte die „Anzahl verfügbarer strategischer Informationen" mit dem Zielwert „100" sein, die Maßnahme wäre der „Aufbau einer Datenbank" (vgl. zu den Perspektiven Kaplan/Norton 24 ff. und 46 ff. sowie Horváth und Partner 2000, S. 22).

Von essenzieller Bedeutung für die durchgreifende Wirkung der BSC ist, dass die Ziele über die Perspektiven hinweg in Verbindung zueinander stehen, es muss eine *Ursache-Wirkungsbeziehung* zwischen den Zielen geben, die über die Darstellung von Ursache-Wirkungsketten deutlich wird. Durch Ursache-Wirkungsketten werden die Zusammenhänge und Abhängigkeiten zwischen den strategischen Zielen wie auch die gegenseitigen Effekte bei der Zielerreichung sichtbar. Gegenüber dem Management und den Betroffenen kann die Bedeutung der Ziele dargestellt und ein entsprechendes Bewusstsein geschaffen werden. Zudem fördern sie das Verständnis für die Strategie und die notwendige Zusammenarbeit zur Zielerreichung (vgl. Kaplan/Norton 1997, S. 28 f. sowie Horváth und Partner 2000, S. 37 ff.). Die fachliche Kompetenz von MitarbeiterInnen (Lern- und Entwicklungsperspektive) führt zum Beispiel zu einer hohen Prozessqualität und kurzer Prozessdurchlaufzeit (interne Prozessperspektive), welche zu einer pünktlichen Lieferung und damit zur Kundentreue (Kundenperspektive) führen kann, welche letztendlich die Kapitalrendite[9] erhöht (Finanzperspektive). Die Bestätigung für hypothetische Ursache-Wirkungszusammenhänge kann zum Beispiel dadurch erlangt werden, dass Korrelationen zwischen zwei oder mehr Kennzahlen gemessen werden.

Die BSC ist nicht als restriktive Vorgabe gedacht. Es ist auch denkbar, dass für eine Organisation drei Perspektiven ausreichend sind, genauso könnte es abhängig von Branche und Strategie notwendig werden, eine zusätzliche Perspektive hinzuzufügen. Ob eine zusätzliche Perspektive (zum Beispiel MitarbeiterInnen-, Umweltperspektive, Lieferantenperspektive, Kommunikationsperspektive) aufgenommen wird, soll jedoch grundsätzlich davon abhängig sein, ob mit dieser Perspektive auch tatsächlich zusätzliche Faktoren bewertet und gemessen werden, welche dem Unternehmen zu Wettbewerbsvorteilen und bahnbrechenden Leistungen verhelfen (vgl. Kaplan/Norton 1997, S. 33). Grundsätzlich gibt es nicht *die* BSC und universell gültigen Messgrößen. So wie sich die Strategien der Organisationen (auch abhängig vom Entwicklungsstand der Organisation) unterscheiden (müssen), so individuell sind auch die Scorecards.

4. Einsatzebenen der BSC in der Organisation

Auf welcher Ebene der Organisation die Balanced Scorecard entwickelt wird, ist abhängig von der Größe der Organisation bzw. deren Aufteilung in unabhängige Geschäftseinheiten. Grundsätzlich empfehlen Kaplan/Norton (1997, S. 34 f., 161 f.) die Entwicklung einer BSC für strategische Geschäftsfelder (siehe Kapitel 3, Abschnitt „Ebenen des Strategiebildungsprozesses"), die – wenn auch im Rahmen der strategischen Orientierung des Gesamtunternehmens – über ihre eigene Mission, Strategie und Kunden (extern oder intern) und internen Prozesse verfügen. Die Entwicklung einer übergreifenden BSC für ein Unternehmen bzw. für eine Gesamtorganisation (Unternehmensscorecard oder auch Rahmen-BSC), welches aus verschiedenen, voneinander unabhängigen Geschäftseinheiten besteht, erweist sich als schwierig, da die Formulierung einer geschlossenen, integrativen Strategie problematisch bzw. unter Umständen wenig aussagekräftig ist. Im Optimalfall kann sie jedoch einen gemeinsamen Rahmen für Themen und gemeinsame Visionen schaffen. Einen Rahmen, in dem Elemente der Gesamtunternehmensstrategie, wie das Leitbild oder die Rolle der Unternehmensleitung in der Verbindung der verschiedenen Organisationseinheiten, integriert sind und die dann durch Scorecards für die einzelnen strategischen Geschäftseinheiten verwirklicht werden. Wurde eine BSC für das Gesamtunternehmen oder für ein SGF entwickelt, ist dieser Rahmen Ausgangspunkt für alle Abteilungen und Funktionseinheiten der Organisation. Deren Leitungen können ihre eigenen Scorecards entwickeln, um einerseits die BSC durch diese Differenzierung weiter zu kommunizieren und um andererseits die gemeinsame Hinarbeitung auf die Ziele zu ermöglichen. Neben der Unternehmens- und Geschäftsfeld-BSC können noch die Funktions- (zum Beispiel für eine Personalabteilung) und eine Subfunktions-BSC (zum Beispiel für den Bereich Weiterbildung innerhalb der Personalabteilung) unterschieden werden (Ackermann 2000, S. 14).

Für die Einbindung der BSC-Ziele in die individuellen Leistungsziele der MitarbeiterInnen sehen Horvath und Partner (2000, S. 278 ff.) verschiedene Möglichkeiten (deren Vor- und Nachteile jeweils zu erwägen sind):

Zum einen kann eine Verbindung der BSC mit den MitarbeiterInnenzielen erfolgen, indem eine Einschränkung der BSC auf vier bis sechs besonders relevante Ziele vorgenommen wird, die für alle MitarbeiterInnen gelten und die zur Erreichung vorgeschrieben werden. Zum anderen wäre es eine Möglichkeit, für jedes Ziel der BSC Zielverantwortliche (Haupt- und Mitverantwortliche) festzulegen, welche für die Zielerreichung verantwortlich sind. Eine weitere Option wäre, die Ziele der übergreifenden BSC nicht eins zu eins weiterzureichen und in die Zielvereinbarungen der MitarbeiterInnen aufzunehmen, sondern nur die Ziele herauszugreifen, die im direkten Verantwortungsbereich der Betreffenden liegen. In einem Diskussionsprozess zwischen Führungskraft und MitarbeiterInnen wird der Beitrag des Einzelnen zur Erreichung der Ziele festgelegt. Das konsequente Herunterbrechen einer BSC auf MitarbeiterInnenebene (Personal-Balanced-Scorecard) wird ebenfalls als theoretische Möglichkeit gesehen. Es wird aber gleichzeitig in Frage gestellt, ob der Aufwand einer strukturierten BSC gegenüber der Festlegung von individuellen, aus der BSC abgeleiteten Zielen nicht zu hoch ist bzw. ob 20 bis 25 Ziele auf der Individualebene nicht zu viel sind (in Zielvereinbarungen mit MitarbeiterInnen werden in der Regel vier bis sieben Ziele vereinbart). Welches Modell ausgewählt wird, liegt bei den Verantwortlichen bzw. kann mit den MitarbeiterInnen diskutiert werden.

Die Anwendung der BSC im Kontext Sozialer Organisationen

5

1. Generelle Eignung der BSC für Soziale Organisationen

Obwohl man sich in Sozialen Organisationen der notwendigen Multiperspektivität im Management bewusst ist, wie in den Erläuterungen zum Sozialmanagement (siehe Kapitel 1, Abschnitt „Konzepte und Merkmale des Sozialmanagements") deutlich wurde, wird diese in Sozialen Organisationen bisher nicht in einem Managementsystem zusammengefasst. Ob die BSC mit ihrer multiperspektivischen Betrachtungsweise tatsächlich als Instrument für das Management Sozialer Organisationen mit deren entsprechenden Besonderheiten tauglich ist, wird in den folgenden Abschnitten näher untersucht.

In wirtschaftlichen Unternehmen wird die BSC als Managementinstrument eingesetzt, welches letztendlich die Gewinnerzielung optimieren soll. Da in Sozialen Organisationen diese nicht an oberster Stelle stehen kann, ist nach der Funktion der BSC in Sozialen Organisationen zu fragen:

> „Die BSC kann auch staatlichen und Non-Profit-Organisationen eine klare Richtung geben sowie Motivation und Verantwortungsgefühl fördern. In solchen Organisationen ist die BSC Ausdruck des Zwecks ihrer Existenz (die Bedienung von Kunden/Bürgern, nicht einfach die Einhaltung von Finanzplänen) und vermittelt externen Parteien und internen Mitarbeitern die Ergebnisse und Leistungstreiber, mit deren Hilfe die Organisation ihre Mission und strategischen Zielsetzungen erfüllen wird" (Kaplan/Norton 1997, S. 181).

Kaplan/Norton (1997, S. 173) verweisen darauf, dass trotz des ursprünglichen Schwerpunkts und der Anwendung der BSC im privatwirtschaftlichen Sektor die Optimierungsmöglichkeiten, die sich durch die BSC für die Verbesserung des Managements von staatlichen und Nonprofit-Organisationen ergeben, noch weitaus höher sein dürften (zum Beispiel aufgrund der aus ihr resultierenden Notwendigkeit, Ziele zu formulieren und der Frage der Erfolgsmessung, Aufgabenstellungen, die bisher teilweise vernachlässigt wurden). Die grundsätzliche Unterscheidung liegt darin, dass die Finanzperspektive nicht mit Zielen, die auf Gewinnerzielung ausgerichtet sind, ausgefüllt wird. Vielmehr ist davon auszugehen, dass für Nonprofit-Organisationen, speziell für solche, die soziale Dienste anbieten, eine besondere Notwendigkeit darin besteht, der Öffentlichkeit mittels der BSC die Mission der Organisation zu vermitteln und Ziele und Kennzahlen zu artikulieren, an denen ihre Leistung gemessen werden kann (vgl. Kaplan/Norton, S. 178 f.).

2. Diskussion von Modellen der BSC für Soziale Organisationen

In den wenigen Schriften, in denen die BSC im Rahmen von Not-for-Profit-Organisationen bisher thematisiert wird, werden einige zu diskutierende „Anpassungen" des BSC-Modells an NPOs vorgenommen. Meist wird dabei kein direkter Bezug zu Sozialen Organisationen hergestellt, sondern allgemein der NPO-Bereich thematisiert. Im Folgenden werden ausgewählte Modelle dargestellt, vor allem diejenigen, die vom originären BSC-Modell abweichen. Diese Abweichungen werden auf ihre Sinnhaltigkeit und Notwendigkeit untersucht, speziell unter dem Blickwinkel der Sozialen Organisation.

Haddad (1998, S. 59 ff.) gelingt es, mit seiner Idee über die Verwendung der BSC in NPOs eine neue Sichtweise zu schaffen, indem er die Perspektiven mit dem in Kapitel 1 (Abschnitt „Spezifika und aktuelle Tendenzen in den Rahmenbedingungen sozialer Organisationen") erläuterten Zielsystem Sozialer Organisationen verknüpft (siehe unten stehende Abbildung).

Grundlegende Struktur der Perspektiven	Perspektiven bei Haddad (1998)
Finanzperspektive	entfällt
Kundenperspektive	Leistungswirkungen
	Leistungserbringung
Perspektive der internen Geschäftsprozesse	Interne Perspektive
Lern- und Entwicklungsperspektive	Innovations- und Wissensperspektive

Perspektiven der BSC im Vergleich 1. *Quelle:* Bettina Stoll.

Aufgrund der veränderten Stellung der Finanzperspektive in NPOs entfällt diese. An die Stelle der Kundenperspektive tritt eine Perspektive der Leistungswirkungen und der Leistungserbringung. Die Perspektive der Leistungswirkungsziele wird damit begründet, dass Leistungswirkungen (im Gegensatz zur Gewinnerzielung) der eigentliche Sinn der NPO sind. Da aber hinter den Leistungswirkungszielen letztendlich die Frage nach Wirkungen gewisser Leistungen bei den Anspruchsgruppen, d. h. bei den Kunden steht, wird hier letztendlich nur die Kundenperspektive mit einem anderen Namen benannt.

Ohne damit eine Hegemonie finanzieller Aspekte in Sozialen Organisationen signalisieren zu wollen, ist es unrealistisch, finanzielle Aspekte nicht zu integrieren. Wie bereits erläutert, ist es derzeit nahezu existenziell, wirtschaftliche Fragen auch in Sozialen Organisationen im Hinblick auf deren Aufrechterhaltung zu thematisieren.

Entspricht die Perspektive der Leistungswirkung der Kundenperspektive, gibt es keinen Grund, diese umzubenennen. Es ist jedoch folgerichtig, im Gegensatz zur „Profit-BSC" die Kundenperspektive zu priorisieren und die anderen Perspektiven an dieser auszurichten. Warum die Leistungserbringung als Perspektive eingebracht wird, also die Frage nach konkreten Aktivitäten wie Beratungsgesprächen oder konkreten Hilfestellungen, ist nicht schlüssig dargestellt. Ziele hierzu können in der Regel in der Prozessperspektive formuliert werden (aber auch in den anderen Perspektiven).

Generell ist das Zielsystem Sozialer Organisationen relevant für eine BSC im Sozialbereich. Ziele hinsichtlich deren Leistungswirkungen, Leistungserbringungen, Verfahren und Potenziale werden formuliert, was ein Vorteil ist und eine Notwendigkeit sein muss, wenn die BSC für Soziale Organisationen angewandt werden soll. Es kann jedoch keine Eins-zu-eins-Übertragung der Elemente des Zielsystems auf die vier Perspektiven vorgenommen werden bzw. diese erweist sich nicht als sinnvoll und notwendig, außer es soll damit aufgezeigt werden, wie die Determinanten des Zielsystems denen der BSC entsprechen bzw. nicht entsprechen.

In Weiterentwicklung dazu gehen Berens/Karlowitsch/Mertes (2000, S. 26 ff.) von sechs statt von vier Perspektiven aus (siehe nachfolgende Abbildung).

Grundlegende Struktur der Perspektiven	Perspektiven bei Berens/ Karlowitsch/Mertes (2000)
Finanzperspektive	Finanzielle Perspektive
Kundenperspektive	Perspektive der Leistungswirkungen
	Perspektive der Leistungserbringung
Perspektive der internen Geschäftsprozesse	Perspektive der internen Prozesse
Lern- und Entwicklungsperspektive	Perspektive zum Lernen und Entwickeln
	Perspektive der Mitarbeiter

Perspektiven der BSC im Vergleich 2. *Quelle:* Bettina Stoll.

Sie verzichten nicht auf die Finanzperspektive, sondern betonen, dass diese – da nicht Hauptziel – in den Hintergrund zu treten hat und mehr als Mittel zum Zweck, zur Sicherung der Zukunftsfähigkeit (unter dem Aspekt der Not-for-Profit-Orientierung), verstanden werden muss. Zum anderen darf nach Meinung der Autoren die finanzielle Perspektive aus psychologischer Rücksicht nicht zu sehr betont werden, da eine solche Monetarisierung Abwehrreaktionen seitens der Beteiligten in der NPO hervorrufen könnte. Die Kundenperspektive wird beibehalten, sie bringt den notwendigen Sachzielbezug zum Ausdruck. Es wird betont, dass dieser Perspektive in NPOs besondere Aufmerksamkeit zu schenken ist. Es wird jedoch ihre Teilung in eine Perspektive der Leistungswirkung und eine der Leistungserbringung empfohlen. Die vorstehend aufgestellte These, dass Haddad (1998) mit seiner Perspektive der Leistungswirkungen lediglich eine Umbenennung der Kundenperspektive vornimmt, wird damit bestätigt. Die Perspektive der Leistungserbringung wird nicht weiter thematisiert, es wird lediglich deutlich, dass es ebenfalls um nähere Produktdefinitionen geht. Für die Lern- und Entwicklungsperspektive, wie auch für die anderen Perspektiven, sehen Berens/Karlowitsch/Mertes keinen Änderungsbedarf. Eine zusätzliche Mitarbeiterperspektive wird damit begründet, dass das Personal einer NPO als zentraler Produktionsfaktor zu betrachten ist und durch die Perspektive der internen Prozesse oder durch die Lern- und Entwicklungsperspektive, in denen ursprünglich Ziele und Kennzahlen zur MitarbeiterInneneffektivität oder MitarbeiterInnenförderung verankert werden, MitarbeiterInnen-Kennzahlen nicht ausreichend abgedeckt werden. Nach Meinung der Autoren könnte eine derartige zusätzliche Perspektive der herausragenden Bedeutung der Kommunikation und anderer sozialer Faktoren in Sozialen Organisationen, wie auch dem Einsatz von ehrenamtlich tätigen MitarbeiterInnen Rechnung tragen. Es wurde bereits darauf hingewiesen, dass eine zusätzliche Perspektive in der BSC durchaus möglich ist, diese aber dazu beitragen sollte, solche Faktoren zu bewerten und zu messen, die der Organisation zu Wettbewerbsvorteilen und bahnbrechenden Leistungen verhelfen. Da Soziale Organisationen personenbezogene Dienstleistungen anbieten, bei denen die MitarbeiterInnen tatsächlich einen herausragenden Einfluss auf die Leistungen der Sozialen Organisation und abhängig von dem bereits herrschenden Standard in mitarbeiterInnenrelevanten Fragen in der Organisation haben, kann eine zusätzliche MitarbeiterInnenperspektive sinnvoll sein.

Gmürs (2000, S. 193 ff.) einführende Aussage zur BSC für NPOs ist, dass zwar die Ebene der Finanzziele breiter zu fassen, jedoch die darunter liegenden Managementfelder ohne weiteres übertragbar seien. In seinen weiteren Darstellungen werden aber trotzdem wesentliche Änderungen vorgenommen (siehe unten stehende Abbildung).

Grundlegende Struktur der Perspektiven	**Perspektiven bei Gmür (2000)**
Mission/Vision	*Organisationszweck/Oberziel*
Finanzperspektive	*entfällt*
Kundenperspektive	direkte Kunden/Adressaten
Perspektive der internen Geschäftsprozesse	Leistungserstellung
Lern- und Entwicklungsperspektive	Lern- und Innovationsfähigkeit

Perspektiven der BSC im Vergleich 3. *Quelle*: Bettina Stoll.

An erster Stelle wird die „Erreichung der obersten Organisationsziele" gesetzt. Gemeint ist damit die Erfüllung des wesentlichen Organisationszwecks aus der Sicht der Interessengruppen (Stakeholder) und die Festlegung von Zielen und Messgrößen in diesem Zusammenhang. Von den Stakeholdern ausgeschlossen und einer nächsten Perspektive zugeordnet werden die Kunden oder Adressaten, die die (direkten) Leistungen der Organisation in Anspruch nehmen. Um die obersten Organisationsziele zu erreichen, wird auf dieser Ebene gefragt, welche Ergebnisse und welcher Zusatznutzen den Kunden geboten werden muss. Es wird also letztendlich eine Aufteilung zwischen den Stakeholdern bzw. der Kundenperspektive vorgenommen, wobei die Zufriedenstellung der Kunden/Adressaten dazu dienen soll, die „obersten Organisationsziele" zu erreichen, die sich in diesem Fall also auf alle Stakeholder, nicht nur auf die direkten Leistungsempfänger bezieht. Dies scheint fragwürdig, da in der Regel das Oberziel in Sozialen Organisationen die Befriedigung der Adressatenbedürfnisse ist und nicht der etwaigen sonstigen Stakeholder. Als dritter Schritt der Entwicklung der BSC wird die Zielbestimmung für die Prozesse der Leistungserstellung genannt, in der danach gefragt wird, welche Leistungsprozesse und welche Infrastruktur sichergestellt werden müssen, um den Erwartungen der Kunden gerecht zu werden. Bezug genommen wird damit also auf die interne Prozessperspektive. Die Festlegung von Zielen und Messgrößen im Bereich „Lernen und Innovation" soll in Maßnahmen resultieren, die auf der Ebene von Einzelpersonen, Gruppen oder den Strukturen und Prozessen der Gesamtorganisation ansetzen (zum Beispiel individuelle Weiterbildung, Qualitätszirkel, Einrichtung eines Vorschlagswesens).

Die Aussage Gmürs, die Finanzperspektive weiter zu fassen, führt dazu, dass eine Ebene der Finanzen nicht mehr aufgeführt wird. Stattdessen wird eine zusätzliche Perspektive der obersten Organisationsziele eingeführt. Die von Gmür für diese Perspektive vorgesehenen Inhalte sind eher der Kunden- bzw. Stakeholderperspektive zuzuordnen. Wenn jedoch eine Aufteilung der Kunden/Stakeholder vorgenommen wird, sollte dies nicht zu einer Hierarchisierung der sonstigen Stakeholder vor den direkten LeistungsempfängerInnen führen. Die weiteren Perspektiven, als Managementfelder benannt und thematisiert, werden inhaltlich übernommen. Das Ziel der Rentabilitätssteigerung (Finanzperspektive) ist gegenüber der Erfüllung des wesentlichen

Organisationszwecks der Sozialen Organisation nachrangig, es wird in den Erläuterungen Gmürs jedoch nicht deutlich, warum und zu welchem Zweck die sonstigen Veränderungen in Struktur und Inhalt der Perspektiven vorgenommen werden.

Sachse (2001, S. 54 ff.) stellt in ihrem Aufsatz die praktische Anwendung und den Aufbau einer BSC am Beispiel eines Organisationsentwicklungsprozesses in einem Pflegekinderdienst im Rahmen eines Weiterbildungsprojektes „Management in Behörden und Institutionen der sozialen Arbeit" vor. In diesem Projekt wurden die „klassischen" Perspektiven Finanzen, Prozesse, Innovation und Stakeholder (synonym für Kunden) übernommen. Der Aufbau der einzelnen Scorecards wird jedoch um die Festlegung operativer Ziele ergänzt und die strategischen Ziele damit konkretisiert. Gleichzeitig werden differenzierte Messgrößen und die jeweiligen operativen Zielwerte, die sich jedoch auf langfristige Zeiträume beziehen, aufgeführt.

Grundlegender interner Perspektivenaufbau	Perspektivenaufbau bei Sachse (2001)
Strategisches Ziel	Strategisches Ziel
	Operatives Ziel (im Sinne einer Synthese aus Kennzahl und Vorgabe in Bezug auf strategisches Ziel)
Messgrößen	Messgrößen
Vorgaben	nicht angegeben
Maßnahmen	Aktivität

Interne Perspektivenstruktur im Vergleich. *Quelle:* Bettina Stoll.

So wird zum Beispiel als strategisches Ziel die Senkung der Fallkosten definiert, in der Spalte der operativen Ziele wird bestimmt, um welchen Betrag und auf wen bezogen die Fallkosten gesenkt werden. Als Messgröße dient die Darstellung der Gesamtkosten und der sich ergebenden Fallkosten. Als Aktivität ergeben sich zum Beispiel der Aufbau einer Gesamtrechnung und Stundenberechnungen für einzelne Hilfen.

Mit der Festlegung operativer Zielsetzungen mit entsprechenden Messgrößen und Zielwerten entspricht diese BSC der Forderung, dass neben strategischen auch kurzfristige Ziele aufgestellt werden müssen, um fortlaufend überprüfen zu können, ob die Annahmen zur Strategie richtig sind (vgl. Kaplan/Norton 1997, S. 239), jedoch sind damit eher kurzfristig zu erreichende Ziele gemeint. Die mehrfache Differenzierung der Ziele und Zielwerte bedeutet keineswegs eine Schwächung der intendierten Datenreduktion und komplexen Darstellung. Des Weiteren könnte die operative Zielsetzung so verstanden werden, dass sie die Konkretisierung der strategischen Ziele bzw. der Rahmen-BSC für eine spezielle Einrichtung der Organisation bzw. für eine strategische Geschäftseinheit bedeuten.

3. Inhalte und Aufbau der Perspektiven in Sozialen Organisationen

Das grundlegende Verständnis der einzelnen Perspektiven wurde bereits in Kapitel 4 (Abschnitt „Perspektiven der Balanced Scorecard in Profitunternehmen") erläutert. Mit den folgenden Abschnitten wird vornehmlich auf die Besonderheiten der Perspektiven eingegangen, die sich aus dem Kontext der Sozialen Organisation ergeben.

Finanzperspektive

Die Überlegungen des vorausgegangenen Abschnitts zusammenfassend, ist – in Übereinstimmung mit Berens/Karlowitsch/Mertes (2000) – ein Verzicht auf die Finanzperspektive nicht gerechtfertigt. Es wurde bereits in den vorigen Kapiteln deutlich, dass finanzwirtschaftliche Aspekte auch in Sozialen Organisationen thematisiert werden müssen, um die Existenz der Organisation zu sichern. Ausgehend von einem viergliedrigen perspektivischen Grundgerüst der BSC bedeutet die Finanzperspektive die Erfassung der Ziele und Werte zur Wirtschaftlichkeit einer Sozialen Organisation. Innerhalb dieser Perspektive finden sich auch Ziele, die im Zusammenhang mit dem klassischen Controlling stehen (zum Beispiel Budgetvorgaben, Fallzahlen und damit verbundene Kosten), wie aber auch Ziele zur Finanzmittelbeschaffung (vgl. auch Schön 2001, S. 48).

Folgerichtig ist, dass der Stellenwert der Finanzperspektive in einer „sozialen" BSC ein anderer zu sein hat:

> „The key metric for ... nonprofit performance, therefore, is not financial in nature, but rather mission effecitveness" (Arveson 1999, S. 1).

Kundenperspektive

Die Kundenperspektive ist an die oberste Stelle der BSC zu setzen, denn der Zweck und das Oberziel einer Sozialen Organisation ist die Veränderung von Menschen, von menschlichen Verhältnissen und Bedingungen bzw. das Erbringen spezifischer Leistungen an/für Dritte. Mit der Kundenperspektive, der die Frage zugrunde liegt, wie man gegenüber den Kunden aufzutreten hat und welche Ziele hinsichtlich der Struktur und den Anforderungen der Kunden zu setzen sind, wird man diesem Auftrag am ehesten gerecht. Es kann jedoch nicht, wie von Moos (2001, S. 48) thematisiert, die zentrale Frage der Kundenperspektive sein, wie gegenüber den Stakeholdern aufzutreten ist, damit der finanzielle Erfolg des sozialen Unternehmens gesichert ist, bzw. es muss definiert werden, wer in diesem Fall als Kunde definiert und angesprochen wird.

Eine explizite Aufteilung der Kundenperspektive in Leistungswirkung und Leistungserbringung scheint in der Praxis weniger notwendig als der Hinweis darauf, dass die Kunden der Sozialen Organisationen sehr vielfältig sind, und so zum einen strategisch relevante Ziele alle Zielgruppen betreffend formuliert werden müssen, und zum anderen in der Zieldetermination deutlich werden muss, welche Kunden gemeint sind.

Interne Prozessperspektive

Um den Bezug zu den Kunden zu optimieren, vor allem bezüglich der direkten NutzerInnen der Leistungen, sollten über die interne Prozessperspektive Verfahren in der internen Ablauforganisation überprüft, verbessert bzw. neu implementiert werden. Es geht um die Identifizierung derjenigen kritischen Prozesse, welche den größten Einfluss auf die Leistungswirkungen und damit auf die Kundenzufriedenheit haben. Vornehmlich innerhalb der Prozessperspektive werden die Besonderheiten deutlich, die sich dadurch ergeben, dass soziale Leistungen Dienstleistungen sind. Nach Berens/Karlowitsch/Mertes rücken innerhalb der Prozessperspektive vor allem diejenigen Prozesse in den Vordergrund, die für die Kunden transparent sind (zum Beispiel Betreuungsprozesse, weniger Lieferprozesse).

Nach Schön (2001, S. 54 ff.) integriert die Prozessperspektive ein Netzwerk aus Zielen und Kennzahlen zur Innovation, betrieblichen Leistungserstellung, PartnerInnen-Betreuung (Stakeholder/Kunden) und Kommunikation. Innovation heißt, gesellschaftliche Grundthemen und Probleme zu erkennen, die Interessenlagen der Kunden zu identifizieren und Programme und Maßnahmen zu entwickeln, in denen beides zur Deckung kommt. Die Leistungserstellung umfasst die Vorgänge, „die direkt mit der *Erstellung der Leistung* [Hervorheb. im Original] verbunden sind, also die Vorbereitung, Durchführung und formelle Nachbereitung der Maßnahmen, (Buchführung, finanzielle Verwendungsnachweise) und die ‚Verwaltung'". Die Notwendigkeit der PartnerInnen-Betreuung ergibt sich daraus, dass Innovationen, Prozessoptimierungen etc. nur durch einen engen Stakeholderkontakt erfolgen können und gleichzeitig die Bindungskräfte zwischen den Stakeholdern gestärkt werden. Damit wird auch die strategische Bedeutung der Kommunikation zwischen Organisation und Stakeholdern deutlich.

Lern- und Entwicklungsperspektive

Die Lern- und Entwicklungsperspektive, die das langfristige Wachstum der Sozialen Organisation beleuchtet, muss für Soziale Organisationen in besonderer Weise die Entwicklung und Qualifizierung der MitarbeiterInnen integrieren, da diese ein wesentlicher Produktionsfaktor der Organisation sind. Neben der Entwicklung von Potenzialen kommt dem Empowerment, der Motivation und der Zielausrichtung der MitarbeiterInnen, große Bedeutung zu. Ebenso wird das Lernen der Führungsebene mit dieser Perspektive thematisiert, was auch unter dem Aspekt bedeutsam ist, dass gerade dem Management in Sozialen Organisationen ein noch großer Ausbildungsbedarf unterstellt werden kann (vgl. Moos 2001, S. 47 f.).

Des Weiteren sind die originären Bezeichnungen der Perspektiven mit den Begriffen Kunden, Finanzen, interne Geschäftsprozesse sowie Lernen und Entwicklung nicht so fremd, unverständlich oder unpassend für den Sozialbereich, dass eine Umbenennung der Perspektiven erfolgen müsste. Natürlich kann bzw. muss im Zuge der Diskussion der BSC für den Sozialbereich aufgezeigt werden, welche der typischen Elemente (zum Beispiel die Leistungswirkungsziele oder Leistungserbringungsziele des Zielsystems Sozialer Organisationen) Prozesse, Vorgänge und Ähnliches tangiert und durch die Perspektiven aufgegriffen werden. Umstrukturierungen (außer bezüglich des Aufbaus der Perspektiven, siehe unten) oder Umbenennungen innerhalb des BSC-Modells müssen jedoch nicht zwingend aus den Notwendigkeiten oder Besonderheiten Sozialer Organisationen resultieren.

Exemplarische strategische Ziele und Kennzahlen[1] der BSC in Sozialen Organisationen

Perspektive	strategische Ziele	Kennzahlen
Kunden	Organisation XY bleibt Kunde unserer Einrichtung.	■ Anteil der zu betreuenden Klienten, von Organisation XY ■ Anzahl der Folgeaufträge
	Kunden sind mit der Leistung zufrieden.	■ Ergebnisse von Kunden- und Kooperationspartnerbefragungen ■ Ergebnisse eines Feedbackfragebogens ■ Anzahl der Beschwerden ■ Anzahl der durch zufriedene Kunden empfohlenen Neukunden
	Die Öffentlichkeitsarbeit gegenüber den Stakeholdern wird intensiviert.	■ Ergebnisse der Abfrage, über wen Kontakt zustande kam ■ Höhe der Ausgaben für Öffentlichkeitsarbeit ■ Anzahl der öffentlichkeitswirksamen Maßnahmen ■ Anzahl der Organisationen/Personen, die durch Maßnahme erreicht werden, im Verhältnis zu Zeit- und Geldaufwand

Fortsetzung: Exemplarische strategische Ziele und Kennzahlen der BSC in Sozialen Organisationen

Perspektive	strategische Ziele	Kennzahlen
	Die Organisation zeichnet sich durch einen hohen Anteil „treuer" Kunden aus.	■ Anteil der langjährigen Mitglieder der Organisation ■ Anteil der Personen, die mehrmals die Leistungen der Organisation in Anspruch nehmen (zum Beispiel Freizeitangebote) ■ Anzahl der Maßnahmen, die sich an treue Kunden wenden ■ Anzahl der Maßnahmen, die sich speziell an „Erstkunden" wenden und auf Bindung an die Organisation zielen ■ Anzahl der Austritte
Prozesse	Es werden Leistungen im Bereich der Individual- und Gruppenberatung angeboten.	■ Anteil Individualberatung ■ Anteil Gruppenberatung
	Die Beratungsprozesse sind optimiert.	■ Anzahl Prozesseinheiten (Reaktionszeit auf Kontaktaufnahme, Beratungsdauer) ■ Zielerreichungsgrad der Beratungsprozesse ■ Häufigkeit der Teamsitzungen ■ Anzahl der Verbesserungsvorschläge
	Entwicklung themenspezifischer neuer bzw. veränderter kunden- bzw. bedarfsorientierter Angebote	■ Anzahl der realisierten neuen bzw. veränderten Angebote pro Jahr ■ Dauer, bis Angebot präsentiert wird
	Aufbau neuer strategischer Geschäftsfelder	■ Anzahl neuer Geschäftsfelder

Fortsetzung: Exemplarische strategische Ziele und Kennzahlen der BSC in Sozialen Organisationen

Perspektive	strategische Ziele	Kennzahlen
	Aufbau und Aktualisierung eines Stabs an freien und ehrenamtlichen MitarbeiterInnen	■ Häufigkeit des tatsächlichen Einsatzes freier MitarbeiterInnen im Verhältnis zum vorhandenen Bedarf ■ Häufigkeit des tatsächlichen Einsatzes ehrenamtlicher MitarbeiterInnen bei tatsächlichem Bedarf ■ Anzahl ehrenamtlicher MitarbeiterInnen ■ Anzahl freier Mitarbeiterinnen
	Es werden vermehrt Kunden akquiriert.	■ Anzahl neu akquirierter Kunden ■ Anzahl der Kontaktaufnahmen mit Organisationen
	Auf Leistungsanfragen wird mit entsprechenden Leistungsangeboten reagiert.	■ Verhältnis der Anfragen nach Leistungen zu neuen Leistungsangeboten
	Die Zusammenarbeit zwischen den in die Fallbearbeitung einbezogenen sozialen Einrichtungen wird verbessert.	■ Häufigkeit der Kommunikation zwischen den Diensten
Finanzen	Es wird eine Deckung erwirtschaftet aus Kostensatz und Auslastung (Kostenstellenrechnung).	■ Budgetausnutzung
	Den Anforderungen der Geldgeber wird entsprochen.	■ Einhaltung vereinbarter Standards ■ Einhaltung gesetzlich vorgegebener Standards ■ Erfüllung der Nachweispflicht

Fortsetzung: Exemplarische strategische Ziele und Kennzahlen der BSC in Sozialen Organisationen

Perspektive	strategische Ziele	Kennzahlen
	Die Verwaltungskosten der Organisation werden geringer.	■ Anteil der Verwaltungsausgaben an den Gesamtkosten
	Die Fallkosten werden gesenkt.	■ Höhe des Anteils der Fallkosten an den Gesamtkosten
	Die Anzahl finanzierender Stakeholder sichert die Existenz der Organisation.	■ Anzahl der Geldgeber ■ Höhe der finanziellen Mittel
Lernen und Entwicklung/ MitarbeiterInnen	Die MitarbeiterInnen identifizieren sich mit ihrer Organisation und ihrer Aufgabe.	■ MitarbeiterInnen-Zufriedenheit: Ergebniswerte Zufriedenheitsindex ■ Ergebnisse MitarbeiterInnenbefragung ■ Durchschnittliche Krankheitszahlen ■ Zugehörigkeit zur Einrichtung in Jahren
	Die MitarbeiterInnen qualifizieren sich in einem kontinuierlichen Prozess für die Arbeit mit KlientInnen.	■ Anzahl der Weiterbildungsmaßnahmen pro MitarbeiterIn im Jahr
	Die MitarbeiterInnen werden in der Umsetzung von (veränderten) Aufgaben mit Stakeholdern unterstützt.	■ Anzahl der Fortbildungen, Schulungen, Informationsveranstaltungen, die durch veränderte Aufgaben entstehen (zum Beispiel EDV, Akquisition, Betriebswirtschaft)
	Der fachspezifischen Belastung der MitarbeiterInnen wird entsprochen.	■ Anzahl der angebotenen Supervisionen im Verhältnis zur Nutzung des Supervisionsangebotes

Fortsetzung: Exemplarische strategische Ziele und Kennzahlen der BSC in Sozialen Organisationen

Perspektive	strategische Ziele	Kennzahlen
		■ Verhältnis der klientenspezifischen und administrativen Aufgaben ■ Anzahl der Freizeitangebote
	Die Vergütung der MitarbeiterInnen wird mitarbeiterInnenspezifisch und entsprechend den finanziellen Möglichkeiten der Organisation gestaltet.	■ Anzahl der MitarbeiterInnen mit besonderer Leistung, die erhöhte Leistungen erhalten bzw. nicht erhalten
	Die organisationsinterne Kommunikation wird verbessert.	■ Anzahl der Teamsitzungen ■ Anzahl der Teamsitzungen mit Anwesenheit der Führungskraft
	Das Wissensmanagement wird systematisch aufgebaut.	■ Bestand einer Wissensdatenbank ■ Häufigkeit des Abrufs von Informationen ■ Anzahl der MitarbeiterInnen, die Informationen eingeben, und Häufigkeit der Eingabe ■ Anzahl der MitarbeiterInnen, die in Netzwerken, Verbänden etc. mitarbeiten

Beispiele für strategische Ziele und Kennzahlen der BSC in Sozialen Organisationen. *Quelle:* Bettina Stoll.

Aufbau der BSC

Der Aufbau einer BSC verändert sich somit (siehe Abbildung auf Seite 110). Trotz der Balance der Perspektiven wird durch Kaplan/Norton (1997) ein bestimmtes Gefüge der Perspektiven dargestellt: In einer BSC des PO-Bereichs werden die Perspektiven derart aufgebaut, dass bei Erreichung der Ziele der Lern- und Entwicklungsperspektive die Prozessziele unterstützt werden, welche wiederum die Ziele der Kundenperspektive und diese letztendlich den Organisationszweck, d. h. die Gewinnerzielung unterstützen. Die Finanzperspektive steht damit an oberster Stelle. In Sozialen Organisationen ist hingegen die Kundenperspektive an oberster Stelle zu platzieren, da sie dem grundlegenden Organisationszweck „Leistung an und für Dritte" am nächsten steht. Die Finanzperspektive trägt wie die Lern- und Entwicklungsperspektive zur Sicherung der Zukunft bei. Da aber gerade in Sozialen Organisationen hinsichtlich des Wirtschaftlichkeitsaspektes ein Lern- und Entwicklungsbedarf besteht und das entsprechende Potenzial mit Hilfe der Lern- und Entwicklungsperspektive aufgebaut werden kann, wird dieselbe auch für die „soziale" BSC als Basis der drei weiteren Perspektiven verankert.

4. Entwicklung einer BSC am Beispiel der Betrieblichen Sozialarbeit der Siemens AG

Mit den folgenden Abschnitten wird eine Balanced Scorecard für eine Soziale Organisation an einem praktischen Beispiel dargestellt. Horváth und Partner (2000, S. 56) unterscheiden fünf Phasen bei der Implementierung einer BSC: strategische Grundlagen klären (Phase 1), organisatorischen Rahmen schaffen (Phase 2), eine BSC entwickeln (Phase 3), Roll-out managen (Phase 4), kontinuierlichen BSC-Einsatz sicherstellen (Phase 5).

Mit dieser Einteilung wird nachstehend vor allem die Entwicklungsphase einer BSC vorgestellt, wobei die anderen Phasen bereits in den Entwicklungsprozess eingreifen. Dabei wird Bezug auf die Betriebliche Sozialarbeit der Siemens AG genommen. Mit diesem Bezug soll nicht dargestellt werden, wie durch eine BSC in wirtschaftlichen Unternehmen soziale Aspekte an Bedeutung gewinnen, sondern wie Betriebliche Sozialarbeit bzw. die Sozialberatung im Rahmen dieser Arbeit als eine „klassische" soziale Einrichtung, das Unternehmen als Träger der sozialen Einrichtung verstanden werden kann. Dass die soziale Einrichtung Teil eines Wirtschaftsunternehmens ist, ist für die grundlegende Vergleichbarkeit mit anderen sozialen Einrichtungen im Rahmen des Themas nicht von wesentlicher Bedeutung.

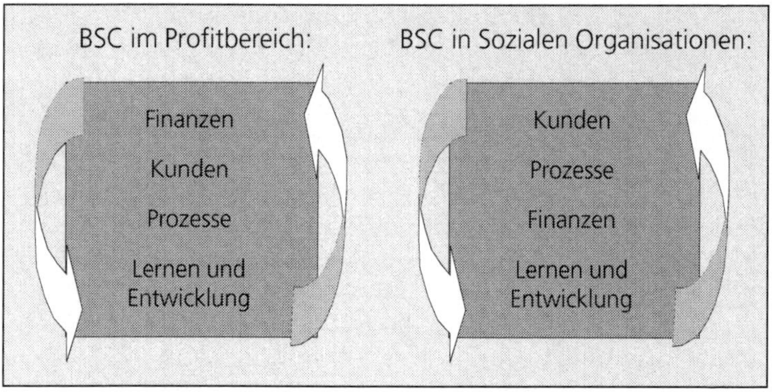

Aufbau der Perspektiven. *Quelle:* Bettina Stoll.

Mit der Beschreibung der Entwicklungsphase soll deutlich werden, welche Ziele, Kennzahlen, Maßnahmen etc. für eine BSC im sozialen Bereich definiert werden können. Dabei sollte nicht vergessen werden, dass diese auch in Sozialen Organisationen je nach Einrichtung, abhängig von Reife und Stand der Organisation, äußerst variabel bzw. organisationsspezifisch sind. Es geht also vielmehr darum, exemplarisch Grundgedanken und Ablauf eines BSC-Entwicklungsprozesses aufzuzeigen. An den entsprechenden Stellen wird auf Situationen bzw. Prozesse hingewiesen, die sich zum Beispiel als problematisch dargestellt haben und so in gleicher oder ähnlicher Weise auch in anderen „sozialen" BSC-Einführungsprozessen auftreten können und zu beachten sind.

Betriebliche Sozialarbeit

Da es an dieser Stelle nicht um die Darstellung Betrieblicher Sozialarbeit (BSA) an sich geht, wird diese nur mit den für diese Arbeit relevanten Momenten skizziert. Für die Betriebliche Sozialarbeit, welche in institutionalisierter Form meist Sozialberatung (SozB) genannt wird, beginnt sich in der Siemens AG auch die Bezeichnung „MitarbeiterInnen-, Führungskräfte- und Teamberatung" (MFT) zu etablieren, womit gleichzeitig die drei strategischen Geschäftsfelder der BSA der Siemens AG definiert sind. Die Betriebliche Sozialarbeit wiederum ist innerhalb der Siemens AG als Subfunktion zu verstehen, vorgestellt wird also aus Sicht der Siemens AG eine Subfunktions-BSC, aus Sicht der BSA eine Rahmen-BSC.

Grundlegend meint Betriebliche Sozialarbeit „die ethisch begründeten (sozial-)pädagogischen Interventionen speziell ausgebildeter Fachkräfte, mit deren Hilfe Unternehmen einem Teil ihrer sozialen Verantwortung gerecht werden und einen Beitrag zur Humanisierung der Arbeitswelt leisten" (Stoll 2001, S. 23). Aufgabenschwerpunkte von SozialberaterInnen (bei Siemens in der Regel SozialpädagogInnen und SozialarbeiterInnen) liegen zum einen in der Individualberatung, zum Beispiel in Form von Hilfen bei psychosomatischen und psychischen Problemen, Beratung bei Schwierigkeiten am Arbeitsplatz (zum Beispiel Mobbing), Unterstützung bei familiären Schwierigkeiten und Partnerschaftskonflikten, Beratung bei Suchtkrankheiten und Drogenkonsum, Coaching etc. Ein anderer Arbeitsschwerpunkt liegt in der Gruppenberatung, zum Beispiel in Form von Maßnahmen wie Kommunikationstrainings, Konfliktberatung, Teamentwicklung.

Die BSA ist als Teil der Sozialpolitik eines Unternehmens zu sehen und ist eine freiwillige soziale Leistung. Das Unternehmen ist damit als Träger und als Geldgeber zu verstehen. Organisatorisch ist die BSA in diesem Beispiel der Personalorganisation zuzuordnen, innerhalb derer den Sozialberatungen in der Regel ein bestimmtes Budget zur Verfügung steht.

Zum Beispiel der Entwicklungsphase ist die BSA wenig hierarchisch gegliedert: Oben anzusiedeln sind die Fachleitung der BSA und die PersonalleiterInnen[2] der jeweiligen Sozialberatungen, Letztere sind die disziplinarischen Vorgesetzten.[3] Die 85 SozialberaterInnen sind auf 131 Standorte in Deutschland verteilt. An den Standorten sind die SozialberaterInnen für spezifische Bereiche der Siemens AG (zum Beispiel Automatic and Drives, Medical Care) zuständig, wodurch sich deren Arbeit auch unterscheidet. Einige wenige Sozialberatungen setzen sich aus mehreren SozialberaterInnen zusammen, die durch eine Teamleitung (selbst SozialberaterInnen), die auch disziplinarische Funktion hat, geführt wird.

Die organisatorische Einbettung ist relevant, da die verschiedenen Personen und Managementebenen wiederum durch das Management der BSA – d. h. durch die Fachleitung – in den Entwicklungs- und Umsetzungsprozess der BSC einzubeziehen sind, da diese zu deren Gelingen beitragen (müssen).

Entwicklung der Rahmen-Balanced Scorecard für die BSA

In diesem Abschnitt wird die Entwicklungsphase und der Inhalt einer Rahmen-BSC für die Betriebliche Sozialarbeit der Siemens AG vorgestellt. Zudem werden exemplarisch sieben der insgesamt 20 strategischen Ziele näher erläutert. (Die komplette BSC ist im Anhang zu finden, dabei können Ziele mit den vorgestellten Zielen leicht differieren, da diese bereits für einen Bereich konkretisiert wurden.)

Für die Einführung der BSC in der Betrieblichen Sozialarbeit waren vor allem zwei Gründe ausschlaggebend. Zum einen wurde von der Fachleitung der BSA die Notwendigkeit der Implementierung eines Steuerungsinstrumentes erkannt, welches die langfristige und eigenständige (vor allem im Sinne der professionsbezogenen Eigenständigkeit) Ausrichtung und Positionierung der BSA im Unternehmen ermöglicht. Aufgrund der Transparenz über Strategie und Vorgehen der BSA, die durch die BSC erreicht wird, kann diese gleichzeitig dazu dienen, die Ziele und den Nutzen der BSA im Unternehmen zu kommunizieren. Der Darstellungs- und Kommunikationsprozess der BSA im Unternehmen durch die BSC wird dadurch erleichtert, dass die BSC ein Instrument ist, welches generell im klassischen betriebswirtschaftlichen Kontext in den Managementebenen des Unternehmens bekannt ist. Durch die Initiative der Fachleitung der BSA konnte so innerhalb des wirtschaftlichen Rahmens eine „soziale" BSC entwickelt werden, welche die BSA mit ihrer professionsbezogenen Eigenständigkeit im Unternehmen platziert und „abgrenzt" und die den mit sozialen Einrichtungen verbundenen Besonderheiten gerecht wird.

Zum anderen stand für die BSA – wie für derzeit viele Soziale Organisationen und Einrichtungen – die Frage nach einem geeigneten Qualitäts-(management-)instrument im Raum. Die Einführung eines QM-Instruments nach DIN ISO 9000 ff. etc. wurde für die BSA zum Beispiel aufgrund der bürokratisierenden Momente derselben als nicht adäquat eingestuft. Hinsichtlich der BSC wurden unter dem Qualitätsaspekt folgende Potenziale gesehen:

- Die Anwendung der BSC für die BSA an sich soll Ausdruck einer qualitätsvollen Arbeit sein, da deutlich wird, dass die BSA ihre Arbeit aktiv steuert.
- Mit Hilfe der BSC können Qualitätsziele (zum Beispiel hinsichtlich der Prozesse, der Qualifikation der MitarbeiterInnen usw.) formuliert werden.
- Es wird nach außen transparent, was die BSA als qualitätsvolles Arbeiten definiert.
- Aufgrund des Aufbaus der BSC wird deutlich, dass die BSA ihre Arbeit evaluiert, und es müssen/sollen nur die strategisch relevanten Aspekte und Qualitätsgesichtspunkte betrachtet und determiniert werden.

Als Startsignal wurde im Mai 2000 ein zweitägiger Workshop für die Gesamtheit der BSA durchgeführt, in dessen Verlauf die SozialberaterInnen in die Grundlagen der BSC eingeführt wurden und der Sinn und Zweck bzw. die Notwendigkeit der BSC für die Betriebliche Sozialarbeit und die unmittelbare Arbeit der SozialberaterInnen deutlich werden sollte. Gleichzeitig wurde eruiert, ob die BSC den SozialberaterInnen als ein geeignetes und annehmbares Instrument erscheint. In verschiedenen Arbeitsgruppen wurden unter anderem Vorschläge zur Vision erarbeitet, Überlegungen zur Quantifizierbarkeit sozialer Leistungen angestellt, erste Ideen dazu gesammelt, wodurch sich die Qualität der Beratungsleistungen der BSA auszeichnen. Zu dieser Einführung und exemplarischen Anwendung der BSC für die SozialberaterInnen waren auch weitere Führungskräfte[4] eingeladen, um deren öffentliche Zustimmung zur Einführung und Unterstützung zu erhalten, gleichzeitig wurde mit diesen Personen die Einführung der BSC in einer Zielvereinbarung festgehalten. Die Anwesenheit der Führungskräfte hatte wiederum auch eine Signalwirkung für die SozialberaterInnen, insofern, als der BSC-Prozess nicht nur befürwortet, sondern sogar gefordert wurde. Der Workshop wurde mit dem Gefühl der MitarbeiterInnen, das Prinzip der BSC verstanden zu haben, und der tendenziellen Zustimmung zur

Einführung abgeschlossen. Jedoch wurde die BSC auch als ungewohnt und komplex eingeschätzt, speziell die Finanzperspektive wurde kritisch betrachtet. Als ungewohnt wurde und wird es angesehen, die eigene Arbeit derart differenziert zu steuern bzw. Vorgänge auch über Kennzahlen zu messen. Auch wird die Notwendigkeit, Leistungen zu dokumentieren, immer wieder in Frage gestellt. Es herrschte zudem die Befürchtung, ob ein derartiges Instrument den Besonderheiten der sozialen Arbeit gerecht werden kann, zum Beispiel hinsichtlich der fraglichen Messbarkeit, Quantifizierbarkeit, Überprüfbarkeit der Wirkungen sozialer Leistungen (also bezüglich bestimmter Aspekte, die allgemein auch in der Qualitätsdiskussion wiederzufinden sind).

In einem derartigen Start-Workshop werden nicht nur rein fachliche Fragen aufgegriffen, sondern bekanntermaßen – wie immer, wenn Veränderungsprozesse anstehen – auch wesentliche psychologisch-emotionale Vorgänge bei den TeilnehmerInnen angesprochen. Mit der geplanten Einführung eines solchen Instrumentes sind verschiedene Ängste und Unsicherheiten verbunden: Es ist nicht klar, um was für ein Instrument es sich handelt, welche Veränderungsleistungen damit erbracht werden müssen, ob damit Teilbereiche der Leistungserbringung angesprochen werden, die man lieber gerne vermeiden würde (zum Beispiel betriebswirtschaftliches Denken) bzw. bei deren Bewältigung vielleicht Versagen befürchtet wird, inwieweit ein Instrument zur Kontrolle eingesetzt werden soll, Konkurrenzdruck geschürt wird, ob bei Veränderungsprozessen Unterstützung geleistet wird etc. Solche Ängste können bzw. müssen bei derartigen Veranstaltungen als vorhanden vorausgesetzt und bei der Planung und Gestaltung einbezogen werden.

Im weiteren Prozess der Entwicklung stand die Zusammenstellung einer „Qualitätsgruppe" aus einer Auswahl der SozialberaterInnen, die sich beim Workshop für eine weitere Mitarbeit im Kontext der BSC-Entwicklung gemeldet hatten. Die Auswahl erfolgte durch die Fachleitung der BSA. Aufgabe der aus sieben SozialberaterInnen, der Fachleitung und einer wissenschaftlichen Mitarbeiterin bestehenden Qualitätsgruppe war die Entwicklung einer Rahmen-BSC. Der erste Schritt war die Einführung der Qualitätsgruppe in die Prinzipien der BSC durch einen Fachexperten, der im weiteren Verlauf in Zusammenarbeit mit einem weiteren Moderator – zuständig für den dynamischen Prozess und die Verbindung zur sozialen Profession – auch den fachlichen (im Sinne des Wissens über die BSC) Prozess der Entwicklung übernehmen sollte.

Die „konkrete" Arbeit an der BSC wurde damit begonnen, dass eine Vision für die BSA entwickelt wurde, die im Ergebnis „MFT – unsere Kunden sind Gewinner" (MFT – MitarbeiterInnen-, Führungskräfte- und Teamberatung) lautet, womit signalisiert werden soll, dass die vielfältigen Stakeholder der BSA nach einem Kontakt mit derselben einen Kundennutzen feststellen können.

Der nächste Schritt war die strategische Zielformulierung für die Perspektiven der BSC, wobei gleichzeitig festgestellt wurde, dass die Perspektiven keiner Ergänzung für die BSA bedürfen. Nachdem die BSC für die BSA auch einen wesentlichen Beitrag zu deren Qualitätsentwicklung darstellen soll, hätte es nahe gelegen, eine zusätzliche Qualitätsperspektive einzuführen. Da jedoch Qualität für jede Soziale Organisation derzeit ein relevantes Ziel ist, zudem die Einführung eines Qualitätsmanagementsystems wie ISO 9000ff. oder Total Quality Management für die BSA nicht geplant bzw. deren Umsetzung im Rahmen der BSC als Maßnahme zu verorten ist, wäre eine zusätzliche Perspektive nicht gerechtfertigt. Sinnvoller scheint es, in den verschiedenen Perspektiven (zum Beispiel Kunden- oder Prozessperspektive) darauf zu verweisen, „welche" Qualität konkret mit welchem Ziel und welchen Maßnahmen verbessert werden soll. Festgelegt wurde auch, dass eine einheitliche BSC für alle drei strategischen Geschäftsfelder (MitarbeiterInnen-, Führungskräfte- und Teamberatung) definiert wird. Nachdem nicht jedes strategische Geschäftsfeld der BSA an den verschiedenen Standorten für die SozialberaterInnen von gleicher Bedeutung ist, sollte es ihnen überlassen bleiben, ob sie „ihre" BSC aufteilen möchten. Mit der Zielformulierung wurde die Formulierung von Kennzahlen vorgenommen und anschließend Zielwerte definiert.

Generell sollen Ziele für die BSC allgemein, aber dennoch klar beschrieben werden. Auf Formulierungen wie „wollen, sollen, können" soll verzichtet werden und die Ziele sind knapp und ohne Verknüpfungen zu formulieren (vgl. Eisenreich 2000, S. 19). Im Prozess der Zielfestlegung erweisen sich diese Handlungsanweisungen für „Laien" oft als schwierig. Auch für die Mitglieder der Qualitätsgruppe war es teilweise mühsam, genau zu erkennen, welches Ziel welcher Perspektive zuzuordnen ist. Unterstützung in diesem Prozess leistete in diesem Fall der externe BSC-Fachmann. Grundsätzlich gilt, dass Ziele nicht in die Perspektive gehören, auf die sie letztendlich eine Wirkung ausüben, sondern in die Perspektive, in der die Ursachen dafür zu finden sind, dass das Ziel erreicht wird. Auch Ziele festzulegen, die nach den momentanen Voraussetzungen unerreichbar scheinen, oder Ziele zunächst zu formulieren, ohne dass klar ist, welche Messgrößen hierfür herangezogen werden können, erwies sich als Hemmschwelle. Zudem werden Ziele und Maßnahmen leicht verwechselt oder verbunden.[5]

Pers.	strategische Ziele	Messgrößen	Zielwert[a)]	Ist-Wert[b)]	Maßnahmen[c)]
K[d)]	Der Siemens-Konzern bleibt Hauptkunde der BSA.	▪ Anteil zu betreuender MitarbeiterInnen innerhalb des Siemens-Konzerns	70%		zum Beispiel Kontaktmanagement
	Die Kunden sind mit der Leistung zufrieden.	▪ Ergebnisse von Kunden- und Kooperationspartnerbefragungen ▪ Ergebnisse eines Feedbackbogens	70%		zum Beispiel Entwicklung von Befragungsinstrumenten
P[e)]	Die BSA führt Individual- und Gruppenberatungen durch.	▪ Anteil Individualberatungen ▪ Anteil Gruppenberatungen	40% 60%		entsprechendes Angebot an Leistungen
	Die BSA optimiert ihre internen Prozesse kontinuierlich zum Kundenvorteil.	▪ Anzahl Prozesseinheiten ▪ Zielerreichungsgrad der Beratungsprozesse	5+/- 70%		zum Beispiel Programmierung eines Erfassungssystems

Fortsetzung: Auszug aus der Rahmen-BSC der Betrieblichen Sozialarbeit der Siemens AG

Pers.	strategische Ziele	Messgrößen	Ziel-wert[a]	Ist-Wert[b]	Maßnahmen[c]
F[f]	Es wird eine Deckung erwirtschaftet aus Kostensatz und Auslastung (Kostenstellenrechnung).	■ Budgetausnutzung	100%		zum Beispiel eigene Kostenstelle, Auftragssystem
M[g]	Die BSA entwickelt kunden- und bedarfsorientiert neue Angebote.	■ Anzahl der realisierten neuen bzw. veränderten Angebote pro Jahr	=/>1		zum Beispiel Kontaktmanagement
	Die MitarbeiterInnen (MA) identifizieren sich mit der BSA.	■ MA-Zufriedenheit: Ergebniswerte Zufriedenheitsindex	70%		zum Beispiel Zufriedenheitsindex entwickeln
		■ Ergebnisse MA-Befragung	70%		zum Beispiel Befragungsinstrument entwickeln

a) exemplarische Zielwerte
b) Ist-Werte müssen noch eruiert oder erfasst werden, bzw. können vereinzelt erst in Zukunft determiniert werden, wenn Erfassungsinstrumente implementiert wurden
c) exemplarische Maßnahmen
d) Kunden
e) Interne Prozesse
f) Finanzen
g) Lernen und Entwicklung, MitarbeiterInnen

Auszug aus der Rahmen-BSC der Betrieblichen Sozialarbeit der Siemens AG. *Quelle:* Siemens AG.

Da die Rahmen-BSC mit den Zielen für die MitarbeiterInnen verknüpft wird, ergeben sich aus den Zielen einerseits durchzuführende Maßnahmen, die die Fachleitung betreffen, wie auch Maßnahmen, die durch die MitarbeiterInnen durchzuführen sind. Bei Sozialen Organisationen, die personenbezogene Dienstleistungen durchführen, sind die MitarbeiterInnen direkter von den Maßnahmen betroffen, da diese einen zentraleren Produktionsfaktor darstellen als zum Beispiel MitarbeiterInnen in einer Maschinenfabrik. Daher wird im Folgenden teilweise exemplarisch auf die vom Management durchzuführenden Maßnahmen wie auch auf die der MitarbeiterInnen eingegangen.

Das Ziel der Kundenperspektive, dass der Siemens-Konzern Hauptkunde der BSA bleiben soll, unterstützt Maßnahmen, die zur Verankerung der BSA im Unternehmen beitragen. Zum einen wird damit zum Ausdruck gebracht, dass „das Unternehmen" die Leistungen der BSA derart wahrnehmen soll, dass es keinen Anlass sieht, die BSA für sich nicht als soziale Dienstleistung in Anspruch zu nehmen. Zum anderen signalisiert die BSA, dass es nicht ihr Hauptziel ist, sich auf externe Kunden (zum Beispiel durch Dienstleistungsverträge mit anderen Institutionen, die bereits vereinzelt existieren) zu spezialisieren, genauso wie es nicht ihr Ziel ist, sich als eigenständige Organisationsform vom Unternehmen zu lösen (beides denkbare Modelle), sondern dass die Leistungen den Kunden weiterhin als siemensinterner Dienstleister angeboten werden. Als Messgröße dafür, ob das Ziel erreicht wurde, dient die Höhe des Anteils der (theoretisch) zu betreuenden MitarbeiterInnen, die zum Siemens-Konzern gehören, am Gesamtbetreuungsvolumen. Maßnahmen, die sich daraus zum Beispiel für das Management, d. h. die Fachleitung der BSA ergeben, sind unter anderem die Aufnahme und Aufrechterhaltung relevanter Kontakte zu anderen Managementebenen und Personen im Unternehmen, aus denen deutlich wird, welche Leistungen von der BSA erwartet werden, welchen Entwicklungen das Unternehmen entgegensieht etc.

Ein weiteres Ziel ist die Erreichung der Kundenzufriedenheit, welches in nahezu jeder BSC aufgenommen wird. Erreicht werden soll sowohl die Zufriedenheit der KlientInnen, Auftraggeber (zum Beispiel eine Führungskraft, die eine Teamentwicklung in Auftrag gibt) und der Kooperationspartner (beispielsweise Betriebsärztliche Dienststelle, Arbeitsschutz) als auch letztendlich die Zufriedenheit des „Gesamtunternehmens". Als Messgrößen dienen hier die Ergebnisse einer Kunden- bzw. Kooperationspartnerbefragung und eines Feedbackbogens (Zielwert: mindestens 70 Prozent der Befragten geben eine sehr gute bis gute Bewertung der Leistungen der SozialberaterInnen an). Auf der Ebene der Rahmen-BSC wäre also die Konstruktion der Befragungsinstrumente eine Maßnahme. Zudem müsste das EDV-gestützte Dokumentationssystem der BSA zur Erfassung der notwendigen Angaben modifiziert werden.

Ein Ziel innerhalb der Prozessperspektive ist, dass durch die BSA sowohl Individual- als auch Gruppenberatung angeboten wird. Damit wird eine Veränderung bzw. Weiterentwicklung[6] in der Angebotsstruktur intendiert, die auf der Analyse beruht, dass die lange Zeit fokussierte Individualberatung durch Gruppenberatung ergänzt werden muss, um den Notwendigkeiten und Bedürfnissen im Unternehmen gerecht zu werden. Die Messgrößen können als Anteil der Individualberatung und Anteil der Gruppenberatung an den insgesamt durchgeführten Beratungen definiert werden. Maßnahmen der Fachleitung bestehen darin, die MitarbeiterInnen dahingehend zu motivieren, beide Arbeitsformen einzusetzen als auch – falls notwendig – weiterführende Qualifikation der Sozialberatungen zu unterstützen. Wesentlich ist dabei nicht nur, dass beide Beratungsformen angeboten werden, sondern dass auch die entsprechenden Prozesse und die der gesamten fachlichen Arbeit optimiert werden. Dies kommt im nächsten Ziel, der kontinuierlichen Optimierung der internen Prozesse zum Kundenvorteil, zum Ausdruck. Als Messgröße wurde hier die Anzahl der Prozesseinheiten (definiert als Zeiteinheit) und die Höhe des Zielerreichungsgrades definiert. Zum einen sind hierdurch die direkten NutzerInnen betroffen, die von optimierten Beratungsprozessen profitieren, zum anderen aber auch die Kooperationspartner oder Kunden, die eine Beratungsleistung in Auftrag geben. Im Kontext der Rahmen-BSC resultieren hieraus Maßnahmen wie die Definition der verschiedenen Prozessschritte von der Prozessaufnahme bis zum Prozessende (Prozessbeschreibung). Diese sind für alle Kunden festzulegen (Ablauf der Prozesse mit NutzerInnen, mit Auftraggebern etc.); eine Maßnahme wäre beispielsweise auch die Modifizierung des Dokumentationssystems, sodass Prozesseinheiten und Zielerreichungsgrad durch die Aufnahme entsprechender Daten erfasst und ausgewertet werden können.

In der Finanzperspektive wurde das Ziel definiert, dass eine Deckung[7] aus Kostensatz und Auslastung (Kostenstellenrechnung) erwirtschaftet wird. Als Messgröße dient die Budgetausnutzung. In der Regel steht den SozialberaterInnen im Rahmen der Personalabteilung ein bestimmtes Budget zur Verfügung. Vielfach ist es so, dass die SozialberaterInnen dieses Budget nicht kennen, teilweise bewusst kein Einblick gewährt wird und auch keine Möglichkeit der Einflussnahme auf die Höhe des Budgets genommen werden kann. Aus der Rahmen-BSC resultiert, dass eine Offenlegung des Budgets angestrebt wird, dass die SozialberaterInnen auf die Planung des Budgets einwirken können und es auch tatsächlich tun. Sinnvoll wäre es auch, dass die jeweiligen Sozialberatungen über eine eigene Kostenstelle verfügen, um Einblick in ihre Kosten und Erlöse zu bekommen und bewusst Einfluss darauf nehmen zu können. Auch abhängig davon, ob und wie auf das Budget eingewirkt werden kann, gibt es unterschiedliche Möglichkeiten, aktiv und bewusst zur Deckung der Gesamtkosten der SozB beizutragen. Es existieren verschiedene Finanzierungsmodelle für die Gesamtkosten der Sozialberatung: So können diese rein durch Umlagen finanziert werden (d. h., die Geschäftsbereiche, welche die Leistungen der BSA in Anspruch nehmen, zahlen einen bestimmten Pauschalbetrag pro MitarbeiterIn) oder teilweise durch Umlage und teilweise durch Verrechnungen (intern und/oder extern) mit den Kunden, zum Beispiel für Zusatzleistungen oder Verkauf der Leistungen außerhalb des Siemens-Konzerns, der BSA gedeckt werden. Abhängig von den Möglichkeiten sollte zum Beispiel zudem ein Verrechnungs- bzw. Auftragssystem eingeführt werden. Grundsätzlich ist für alle SozialberaterInnen intendiert, dass diese auch wirtschaftlich denken, aktiv auf ihr Budget Einfluss nehmen, sich ihrer Kosten, aber auch ihres Nutzens für das Unternehmen bewusst werden.

Die Innovationsperspektive beinhaltet unter anderem das Ziel, dass die BSA kunden- und bedarfsorientiert neue Angebote entwickelt. Als Kennzahl fungiert die Anzahl der realisierten neuen bzw. veränderten Angebote pro Jahr. Zum Ausdruck kommt hier eine dynamische Kundenorientierung. Es soll darauf geachtet werden, welche Bedürfnisse im Unternehmen bzw. bei den MitarbeiterInnen herrschen, welche Brennpunkte auch in besonderen Unternehmenssituationen entstehen (beispielsweise bei Ausgründungen, Frühpensionierungswellen) und welche Prozesse im Unternehmen durch die BSA unterstützt werden können. Notwendig ist auch hier ein entsprechendes Kontaktmanagement durch die Fachleitung und die MitarbeiterInnen mit Managementebenen und Kunden, durch welches Entwicklungen vorweggenommen und Leistungen prospektiv angeboten werden können. Im

Weiteren muss festgelegt werden, ab wann ein Angebot als neu bzw. als verändert gilt. Ein weiteres Ziel dieser Perspektive ist, dass sich die MitarbeiterInnen mit der BSA identifizieren; Kennzahlen hierfür sind die Ergebniswerte eines Zufriedenheitsindexes und einer MitarbeiterInnenbefragung.

Horváth und Partner (2000, S. 164) stellen vor der Festlegung der Messgrößen die Erarbeitung und Darstellung der Ursache- und Wirkungsbeziehungen zwischen den strategischen Zielen als eine zentrale Aufgabe dar, die mittels eines intensiven Kommunikationsprozesses (zum Beispiel in speziellen Workshops) zu erfüllen ist. Für die Darstellung der Ursache-Wirkungsketten gilt, dass nicht alle denkbaren Beziehungen einzuzeichnen sind, sondern dass eine Konzentration auf die strategisch beabsichtigten Beziehungen erfolgt. Die Ableitung der Ursache-Wirkungsbeziehungen kann entweder von einer der Perspektiven ausgehen oder über Ursache-Wirkungsmatrizen erfolgen (vgl. Horváth und Partner 2000, S. 163 ff.). Im BSC-Entwicklungsprozess der Qualitätsgruppe der BSA wurden die Ursache-Wirkungsbeziehungen implizit im Entwicklungsprozess deutlich. Um in dieser Studie die Beziehungen der Ziele der BSA aufzeigen zu können, wurde eine Ableitung ausgehend von den strategischen Zielen der Innovationsperspektive ausgewählt:

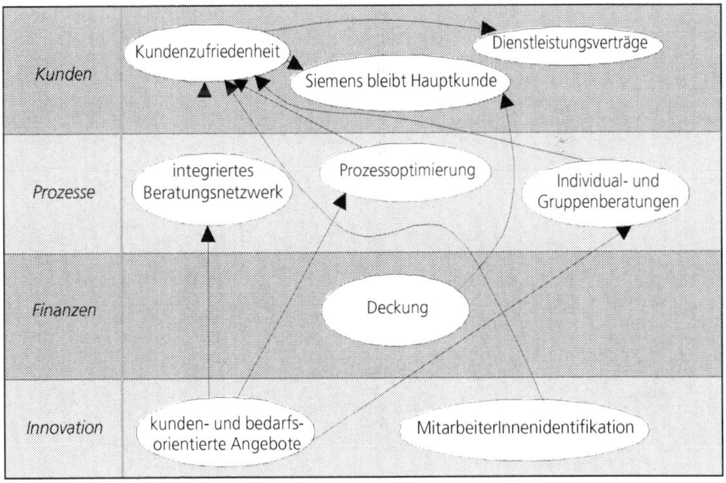

Ursache-Wirkungsbeziehungen zwischen strategischen Zielen. *Quelle:* Bettina Stoll.

Die Anwendung der BSC

Nachdem die Rahmen-BSC mit den Zielen und vorläufigen Kennzahlen definiert war, wurde ein weiterer Gesamtworkshop (Januar 2001) für die SozialberaterInnen veranstaltet. In diesem wurden die Vision, Ziele und Kennzahlen vorgestellt. Dabei wurde Fragen, Ängsten, kritischen Anmerkungen etc. Raum gegeben. In diesem Zusammenhang wurden zum Beispiel Befürchtungen laut, inwiefern die SozialberaterInnen durch die BSC kontrolliert werden sollen/können, ob die Autonomie eingeschränkt werden soll, ob die Transparenz, die durch die BSC erreicht wird, sinnvoll ist, wie weit eine Kundenorientierung gehen kann bzw. darf etc. Soweit möglich, wurden die Befürchtungen aufgegriffen und diskutiert. Außerdem wirkte die Rahmen-BSC für die einzelnen Standorte zu abstrakt, da die übergreifende BSC die Besonderheiten der Standorte nicht zu integrieren schien. Manche SozialberaterInnen fühlten sich daher nicht betroffen oder sahen keine Möglichkeit der Zusammenarbeit. Es wurde teilweise auch nicht das Selbststeuerungspotenzial der BSC für die Arbeit der SozialberaterInnen erkannt bzw. damit lediglich ein zusätzlicher Aufwand verbunden.

Nach und mit dem Feedback des zweiten Workshops begann die Qualitätsgruppe, in fortlaufenden Sitzungen die Ziele und Kennzahlen anzupassen, zu differenzieren und im Weiteren bereits vereinzelt Zielwerte herauszuarbeiten.

Gleichzeitig wurde die Rahmen-BSC durch die Fachleitung – im Sinne der notwendigen Kommunikation der BSC im Unternehmen, und im Sinne der gewünschten Unterstützung durch weitere Managementebenen – in relevanten Gremien vorgestellt.

Da in den Gesamtworkshops deutlich wurde, wie wichtig es ist, dass die SozialberaterInnen erfahren, inwiefern die BSC ihre Arbeit betrifft, wurden die SozialberaterInnen in Gruppen aufgeteilt, um innerhalb dieses jeweils engeren Rahmens die Bedeutung der Rahmen-BSC für die jeweiligen Bereiche darzustellen und zu diskutieren. Aufteilungskriterium war der Bereich, für den die SozialberaterInnen zuständig sind, kleinere Bereiche wurden zusammengefasst. Für die sukzessive Einführung der BSC und die Verbindung der Rahmen-BSC mit den MitarbeiterInnenzielen wurde von der Fachleitung bereits eine Auswahl der relevantesten Ziele vorgenommen, aus denen die nach Geschäftsbereichen gruppierten SozialberaterInnen nochmals die für sie wichtigsten Ziele auswählen konnten. Bei entsprechenden Treffen mit den Gruppen, wozu auch die PersonalleiterInnen für einen bestimmten Zeitraum eingeladen waren, wurden die ausgewählten Ziele diskutiert und deren generelle Eignung für die einzelnen Standorte überprüft. Ebenso diskutiert, eruiert und festgelegt wurden die Kennzahlen und Zielwerte, die für die SozB passend sind, wie auch ansatzweise bereits Maßnahmen diskutiert wurden, die von der Fachleitung, der Qualitätsgruppe und von den SozialberaterInnen zur weiteren Umsetzung ergriffen werden müssen. Dabei ergibt sich ein Rückkopplungsprozess zwischen der Rahmen-BSC und der auf die Standorte abgestimmten BSC. Einerseits können schon bei Festlegung der Rahmen-BSC Maßnahmen für das Management festgelegt werden, andererseits wird durch die Spezifizierung deutlich, welche Unterstützung in Form von Maßnahmen die Sozialberatungen noch brauchen bzw. selbst einbringen müssen.

Im Rahmen dieser engeren und bereichsspezifischeren Zusammenarbeit konnte festgestellt werden, dass das Prinzip, die Wirkungsweise und die Ziele der BSC für die SozialberaterInnen deutlicher und fassbarer wurden, wobei die Tendenz und der Wunsch zu beobachten sind, Ziele und Zielwerte derart zu formulieren, dass die Veränderungen in der Arbeit der SozialberaterInnen relativ gering ausfallen. Diese (verständliche) Angst vor Veränderungen ist mit der notwendigen Forderung nach Veränderung durch das Management auszubalancieren. Es entwickelte sich eine positive Kommunikation in diesen Gruppenarbeiten, sowohl die Kommunikation zwischen den beteiligten Funktionen (d. h. Fachleitung, PersonalleiterInnen und SozialberaterInnen) als auch zwischen den SozialberaterInnen wurde angeregt, der Austausch über die jeweiligen Situationen vor Ort, mehr Verständigung, Klarheit und Abstimmung über Ziele, Absichten und Entwicklungen konnten erreicht werden. Positiv wurde von den SozialberaterInnen auch die Einbindung der jeweiligen PersonalleiterInnen in die Treffen aufgenommen. Da viele der Ziele nur mit Einbindung derselben zu erreichen sind, konnte damit eine Versicherung über deren Unterstützung eingeholt und Machbarkeiten abgeklärt werden. Zudem wurde (zumindest in den meisten Fällen) deutlich, dass die Einführung der BSC und die damit intendierten Ziele und Veränderungen von den PersonalleiterInnen begrüßt bzw. teilweise gefordert werden, wodurch die SozialberaterInnen eine zusätzliche Motivation erhalten haben. Es wurde darüber hinaus der Wunsch geäußert, am Ende der Entwicklungsphase eine abschließende Vorstellung der BSC unter Einbeziehung der PersonalleiterInnen durchzuführen. Gleichzeitig wurde in der Diskussion mit den PersonalleiterInnen für die Fachleitung und die Qualitätsgruppe ersichtlich, dass es notwendig ist, die Implementierung der BSC nach außen zu begründen, d. h. dass zum Beispiel in einer Präambel dargelegt wird, aus welchen Gründen und mit welcher Zielrichtung die BSC für die BSA eingeführt werden soll.

Der Prozess der Vorstellung der Rahmen-BSC und deren Konkretisierung für die einzelnen BSAs wurde ca. Mitte 2001 abgeschlossen.

5. Inhalte einer BSC am Beispiel von Schulen

Um einen weiteren Einblick in die Anwendungsmöglichkeiten der BSC und deren Sinn für NPO zu erhalten, wird diese im Folgenden exemplarisch für eine allgemeinbildende Schule ausgearbeitet.

Aktueller Kontext

Nicht nur die an Menschen orientierten Organisationen, die sich an „besondere" soziale Zielgruppen bzw. Zielgruppen in besonderen Lebenslagen wenden, bedürfen einer bewussteren Steuerung und sind gefordert, Überlegungen zu ihrer Zukunft anzustellen. Dasselbe gilt für Institutionen, die per se über eine unangezweifelte Legitimation verfügen, da sie in einem bestimmten Lebensalter von jedem in Anspruch genommen werden. Dies betrifft etwa Bildungsinstitutionen und derzeit im Besonderen allgemeinbildende Schulen. Das Schulsystem bzw. Schulen sind Einrichtungen, die in ihrer zukünftigen Ausrichtung auf dem Prüfstand stehen wie noch nie. Internationale Vergleichsstudien legen nahe, dass es um die Produktivität des deutschen Bildungssystems (vgl. BMBF 2007, S. 11) nicht zum Besten bestellt ist und großer Handlungsbedarf besteht.

Abgesehen von der Schulsystemebene ist auf der Einzelschulebene ein großer strategischer Handlungsrahmen vorhanden bzw. inzwischen sogar gefordert. So wird durch den Vergleich mit Referenzstaaten

(Kanada, England, Finnland, Frankreich, Niederlande, Schweden) zum Beispiel durch das BMBF (2007, S. 256) festgestellt, dass sich als Ansatzpunkte für Reformen und Innovation etwa die Erhöhung der Eigenverantwortung der Schulen oder der Ausbau schulinterner Bildungsangebote erweisen. Weiter wird belegt, dass die Entwicklung schulischer Leistungen wesentlich von einer durch die „Einzelschule geprägten und beeinflussten Gestaltung schulischer Rahmenbedingungen und pädagogischer Prozesse abhängt" (a. a. O., S. 264).

„Als solche Rahmenbedingungen und Prozesse lassen sich identifizieren: ein relativ flexibler Umgang mit nationalen (Kern-)Curricula im Rahmen einer teilweise ebenfalls flexibel vorgegebenen Zahl an Unterrichtsstunden und Fächern, eine in der Regel im OECD-Ländermittel liegende Lehrer-Schüler-Relation ... durch Lernstandsberichte ergänzte prozessorientierte Leistungsbeurteilungen und zentrale Abschlussprüfungen, die Individualisierung von Unterrichtsprozessen und die Entwicklung der Fähigkeiten der Lehrkräfte zur Arbeit mit leistungs- und sozial-heterogenen Lerngruppen sowie extracurriculare Angebote oder Ganztagsbetreuung." (a. a. O.)

Mit solchen Erkenntnissen gesteht die Politik den Schulen größere Freiräume zu, die notwendigen gesetzlichen Grundlagen werden dafür geschaffen (vgl. Schneider 2007, S. 1) – wenn diese auch von Bundesland zu Bundesland variieren. Deutlich wird, dass die Herausforderungen für die wirtschaftliche und pädagogische Führung von Schulen differenzierter werden. Diese Erkenntnis gilt gleichermaßen für staatliche wie auch für private Schulen. Es geht um die jeweilige Schulentwicklung, um das Schulprofil, neue Bildungs- und Lehrpläne, Bildungsstandards, Evaluation, Qualitätssicherung (in Anlehnung an Schweizer/Gloger 2006, S. 39).

Es lohnt sich, diese Herausforderungen und dafür notwendigen Prozesse durch die „Brille" der Balanced Scorecard systematisch zu fassen, um zu erkennen, dass sich auch der Betrieb einer Schule durch ein strategisches Managementsystem sinnvoll steuern lässt. Wie die Anwendung der BSC inhaltlich exemplarisch in Bezug auf eine Schule aussehen könnte, zeigt der folgende Abschnitt.

Inhalte einer Schul-BSC

Die BSC leitet sich aus der Mission der Schule ab. Diese spezifiziert den Zweck der Schule und gibt Auskunft darüber, „welchen Wert die Schule" hat (vgl. Grayson 2004, S. 1). Wieso gibt es diese Schule, wieso ist sie es wert, dass der Staat sie fördert bzw. Eltern eventuell Schulgebühren bezahlen und Kinder diese Schule besuchen? Bei Schulen spiegelt sich in der Mission in der Regel wider, welches (allgemeine) Bildungsziel zu welchem Zweck Kinder durch die Leistung der Schule erreichen (zum Beispiel „Unsere SchülerInnen werden über ihre akademische, praktische und soziale Kompetenz zu reflektierenden, selbstbewussten und verantwortlichen GestalterInnen einer besseren Welt").

Mit der Vision verdeutlicht die Schule, welche langfristigen Ziele sie verfolgt. Was erhofft sich die Schule an Leistungen in der Zukunft? Was trägt sie zu einer besseren Zukunft bei? Was kann dadurch erreicht werden, dass es die Schule gibt, und was wird die Schule tun, um die gewünschten Resultate zu erreichen (vgl. Grayson 2004, S. 1 f.)? So können sich in der Vision Aussagen dazu finden, was die SchülerInnen erreichen sollen, wie sich ihre Persönlichkeit entwickeln kann, oder dazu, wie die Schule ihre Bildungsziele erreichen möchte (zum Beispiel durch eine Ganztagesorganisation der Schule, ein spezifisches Curriculum usw.). Es können/sollten sich aber beispielsweise auch visionäre Ziele zu den weiteren Interessengruppen der Schule finden, etwa zu den LehrerInnen, Eltern, Projektpartnern usw.

Die Strategie einer Schule kann nun exemplarisch sein:

- Abgrenzung von anderen Schulen durch eine permanente Unterrichtsentwicklung,
- durch einen exzellent ausgebildeten, reflexiven und motivierten Lehrkörper,
- unter Einbezug wirksamer moderner Leistungsbewertungssysteme und Medien,
- die wiederum für SchülerInnen und Eltern transparent auf die erfolgreiche individuelle Leistungsentwicklung der SchülerInnen zielen.
- Zur Substituierung des hohen pädagogischen Leistungsniveaus wird parallel ein intensiver Fokus auf die wirtschaftliche Dimension der Schule gelegt.

Die Stakeholder-Perspektive

Staatliche und private Schulen sehen sich – wenn auch die SchülerInnen die primäre Anspruchsgruppe sind – zahlreichen Bezugsgruppen, die in ihrer Relevanz zu bewerten sind, gegenüber. Das sind in der Regel die Eltern, die staatlichen Schul- bzw. Genehmigungsbehörden, Privatpersonen und/oder Betriebe als Spender, Sponsoren oder Projektpartner, städtische/regionale Institutionen als Projektpartner (zum Beispiel Universitäten oder Museen). Die Schule hat zu bewerten, welche der Stakeholder aufgrund deren zentraler strategischer Bedeutung in die BSC Eingang finden sollten.

Je nachdem können strategische Ziele sein:

Exemplarische strategische Ziele	Exemplarische Kennzahlen
Die Identifikation der SchülerInnen mit der Schule ist außergewöhnlich ausgeprägt.	Ergebnisse SchülerInnenbefragung
Unsere SchülerInnen erreichen ein hohes mehrdimensionales Leistungsniveau.	Ergebnisse eines schulübergreifenden Leistungsvergleichs
Die Eltern unserer SchülerInnen erleben unsere Schule als den kompetenten Partner in der Erziehung ihrer Kinder.	Ergebnisse einer Elternbefragung
Betriebe sehen unsere Schule als bevorzugten Projektpartner.	Verhältnis Anzahl geplanter Projekte zu tatsächlich umgesetzten Projekten pro Schuljahr

Die Prozessperspektive

Die Prozesse, die an Schulen strategisch hervorragend zu gestalten sind, sind vielfältig und betreffen zum Beispiel das Curriculum und dessen Outcome an sich oder auch administrative Prozesse. Gleichermaßen gibt es Prozesse, die den Umgang und die Zusammenarbeit mit anderen Stakeholdern betreffen. Auch Kommunikations-/Öffentlichkeitsarbeitprozesse sind hier zu nennen. Strategische Ziele, über die sich eine Schule hervorragend platzieren kann:

Exemplarische strategische Ziele	Exemplarische Kennzahlen
Das System zur Bewertung der Leistungen und Entwicklung der Kinder ist differenziert und geht über eine reine Notenbewertung hinaus.	Anzahl der Bewertungsformen im Verhältnis zu den als sinnvoll erachteten Bewertungsformen
Eine engagierte Elternschaft unterstützt konstruktiv den Schulalltag.	Tatsächliche Abdeckung der für Eltern vorgesehenen Aufgaben durch diese in Prozent
Die Schule begreift sich und ihre SchülerInnen als einen aktiven Bestandteil verschiedener Gesellschaftsbereiche. Die Bildung der SchülerInnen ist mehrdimensional (intellektuell, kulturell, sozial, körperlich).	Anzahl der sozialen Projekte der Schule, Anzahl der Besuche von außerschulischen kulturellen Veranstaltungen je Klasse

Die Finanzperspektive

Nicht nur private Schulen (diese aber mit einer größeren finanziellen bzw. wirtschaftlichen Herausforderung) müssen ihre Finanzen, ihren wirtschaftlichen Betrieb steuern. Es wäre falsch, die finanzielle bzw. wirtschaftliche Dimension unberücksichtigt zu lassen, weil es dem pädagogisch-erzieherischen Bestreben vermeintlich nicht angemessen wirkt. SchülerInnen, die erwarten, dass die Ressourcen optimal für die besten Lernergebnisse eingesetzt werden, Eltern, die unter Umständen Schulgebühren bezahlen, staatliche Institutionen, die Schulen finanziell fördern, Betriebe, die Schule unterstützen usw.: Sie alle haben ein berechtigtes Interesse an einem qualifizierten Finanzmanagement der Schule. Strategische Ziele können sich darauf beziehen, wie und für was die Schulleitung vorhandene Ressourcen einsetzt, wo und wie sie akquiriert werden und wie sie vergrößert bzw. erhalten werden können. Exemplarische Ziele können sein:

Exemplarische strategische Ziele	Exemplarische strategische Kennzahlen
Erhöhung der Summe nicht-staatlicher Fördergelder	■ Höhe der Sponsoren-/Spendengelder ■ Verkaufserlöse bei Schulveranstaltungen
Bei Schulen in freier Trägerschaft mit Schulgebühren: Jede Klasse ist bis zu ihrer maximalen Klassengröße belegt.	SchülerInnenzahl pro Klasse

Die Lern- und Entwicklungsperspektive

Die strategischen Ziele in der Lern- und Entwicklungsperspektive beziehen sich etwa darauf, inwiefern die Schule darauf abzielt, über die Kompetenz bzw. die Motivation der Schulleitung, der LehrerInnen, der Administration usw. die anvisierte Strategie zu realisieren. Strategische Ziele können sein:

Exemplarische strategische Ziele	Exemplarische Kennzahlen
Die Schule zeichnet sich durch eine aktive Unterrichtsentwicklung aus.	Stunden kollegialer Beratung pro Monat
Die Führung der Schule wird als Sozialmanagement begriffen.	Prozentteil des Personals, das eine spezifische Weiterbildung absolviert hat, von denjenigen, die dafür vorgesehen sind/waren
Leitung und MitarbeiterInnen der Schule sind hoch motiviert.	Ergebnisse Zufriedenheitsindex

Gleichermaßen ist im Rahmen der Lern- und Entwicklungsperspektive etwa danach zu fragen, wie Technologien und Informationssysteme dabei helfen können, dass die Mission und Vision der Schule realisiert wird. Beispiele für strategische Ziele und Kennzahlen:

Exemplarische strategische Ziele	Exemplarische Kennzahlen
Moderne Medien sichern die Erreichung und den Nachweis des hochgradigen Lehr- und Lernerfolgs der SchülerInnen.	Vorhandene Medien im Verhältnis zur Anzahl notwendiger Medien
Lernprozesse und -erfolge der SchülerInnen werden über Informationssysteme transparent für SchülerInnen und Eltern dargestellt.	Nutzungsgrad der mediengestützten (Internet) Entwicklungsberichte durch die Eltern

Generell muss die Lern- und Entwicklungsperspektive dazu beitragen, dass sich die Schule als lernende Organisation begreift und sich als solche weiter verbessert bzw. optimiert.

Die exemplarisch formulierten strategischen Ziele könnten sich ebenfalls als Ursache-Wirkungsbeziehungen zeigen:

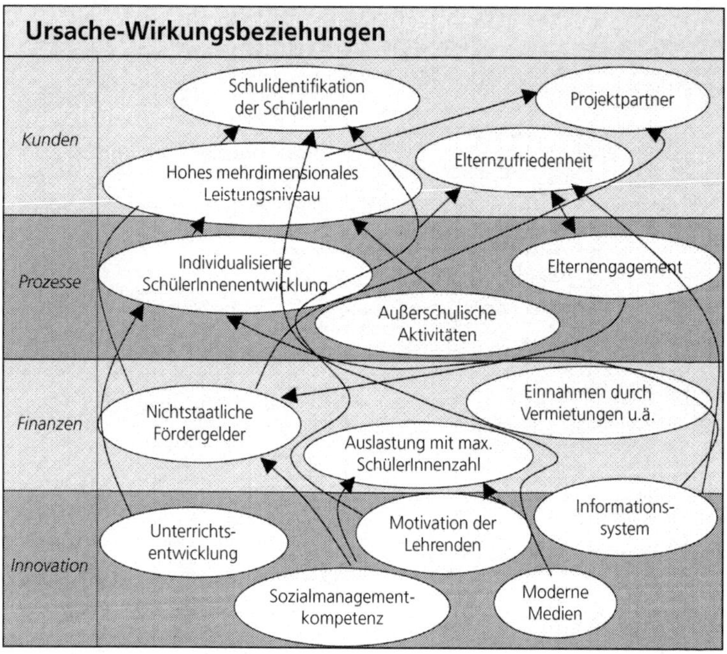

Ursache-Wirkungsbeziehungen. *Quelle*: Bettina Stoll.

In Abschnitt 4 dieses Kapitels wurde eine differenzierte Beschreibung eines Entwicklungsprozesses einer BSC am Beispiel der Betrieblichen Sozialarbeit vorgenommen. Zusätzlich wurden mit diesem Abschnitt Überlegungen zu denkbaren Inhalten einer BSC im Schulbereich als weiteres Exempel angestellt. Es stellt sich nun die Frage, ob sich daraus Hinweise für notwendige Veränderungen in der Struktur der Balanced Scorecard ergeben. Mit dieser Frage befasst sich der folgende Abschnitt.

6. Strukturelle Umsetzungskomponenten einer BSC

Aus den bisherigen Überlegungen und Darstellungen ergeben sich im strukturellen Aufbau und im äußeren Prozess der Einführung und Umsetzung einer BSC im Not-for-Profit-Bereich keine generellen Änderungen im Vergleich zu einer Balanced Scorecard im Profit-Bereich. Die Grundidee, die Elemente, der Terminus und die Vorgehensweise der Balanced Scorecard wurden in den vorhergehenden Kapiteln und Abschnitten beschrieben, ebenso das strategische Management, in dem die Balanced Scorecard eingebettet ist. Hieraus und gestützt durch die Erfahrungen, die in den Prozessen der BSC-Entwicklung gewonnen werden konnten, ergibt sich zusammengefasst der unten stehende Aufbau und Prozess einer BSC-Entwicklung. Wie bei jedem geplanten „Projekt" sind notwendigerweise Vorüberlegungen anzustellen, wie die Prüfung der generellen Eignung der BSC für die entsprechende Organisation, wer die Initiative bei der Umsetzung des BSC-Projektes ergreifen wird und den Prozess vorantreibt, wie viel Zeit für den Einführungsprozess erforderlich ist und zur Verfügung steht, wessen Unterstützung benötigt wird, wer vorab zu informieren ist, wer für eine externe Unterstützung in Frage käme etc.

Die einzelnen Bausteine der BSC (siehe unten) dürfen nicht als zeitlich und im Aufbau strikt voneinander abgrenzbar verstanden werden, sie greifen ineinander und beeinflussen sich gegenseitig. So ist zum Beispiel die „Entwicklung einer Strategie" kein abgeschlossener Baustein, sondern als zur Strategie zugehörig. Ebenso muss das Zielsystem betrachtet werden, genauso wird zum Beispiel „die" Strategie durch den Baustein „Feedback und strategischer Lernprozess" beeinflusst.

Die Anwendung der BSC

Die BSC an sich ist Ausdruck eines Veränderungsmanagements in der Organisation: Ein Instrument, das es erlaubt, auf Veränderungen, die an die Organisation herangetragen werden und in der Organisation entstehen, zu reagieren bzw. diese prospektiv zu erfassen. Gleichzeitig ist aber die Einführung und Umsetzung einer BSC notwendigerweise eine Phase, in der Veränderungen in Gang gesetzt und damit entsprechende Reaktionen – einerseits alle organisatorischen Einheiten wie auch die MitarbeiterInnen betreffend – in Gang gesetzt werden. Die Einführung der BSC ist ein Prozess, der nicht nur thematisch-fachlich, sondern auch pädagogisch und psychologisch kompetent unterstützt und durchgeführt werden muss. So ergeben sich zum Beispiel in Anlehnung an Gehringer/Michel (2000, S. 72 ff.) für den- bzw. diejenigen, der/die für die BSC-Einführung Verantwortung tragen (in der Regel die Organisationsleitung/das Management bzw. dessen verschiedene Ebenen) bestimmte grundsätzliche Anforderungen als VeränderungsmanagerInnen:

- Organisationskulturwandel leben: Norm- und Werteveränderungen der Organisationskultur, die sich aus den neuen Anforderungen an das Organisationssystem ergeben, antreiben und vorleben.
- Verbindung des unmittelbaren Handelns und Reagierens mit gleichzeitigem strategischen und systemischen Agieren, gebunden an die Vorgabe von Regelungen für die Zeit des massiven Veränderungsprozesses, um ein Mindestmaß an Sicherheit herbeizuführen.
- Einbindung aller sozialen Systeme der Organisation und Verbindung neuer, bisher unbekannter Allianzen, Gruppen und Einzelne, um sie für die Veränderungen zu gewinnen.
- In der Organisation für Veränderungsnotwendigkeit sensibilisieren und auch im Umfeld der Organisation für Veränderung werben (zum Beispiel, dass sich das Dienstleistungsangebot oder Verhalten der Mitglieder der Organisation gegenüber den KundInnen durch die Einführung der BSC ändert).
- Emotionale und sachlich-fachliche Unabhängigkeit und Durchsetzungsstärke bei den VeränderungsmanagerInnen (zum Beispiel, wenn bestimmte (Macht-)Fraktionen einzuwirken versuchen).

Umsetzungskomponenten einer Balanced Scorecard[8]

Veränderungsmanagement vorantreiben

- Strategische Analyse
  - Erfassung der für die Organisation relevanten gesellschaftlichen Entwicklungen, der Ressourcen der Organisation und der Wertvorstellungen von EntscheidungsträgerInnen, MitarbeiterInnen und sonstigen Stakeholdern

- Einsetzung und Einführung eines BSC-Teams zur Entwicklung einer (Rahmen-)BSC
  - Informationen über die mit der BSC verbundenen Intentionen, organisatorische Rahmenbedingungen usw.
  - Einführung in das Prinzip und die Arbeitsweisen der BSC
  - Funktion des BSC-Teams für die Organisation

- Entwicklung einer Mission
  - Kurze und prägnante Beschreibung der Existenzgrundlage der Organisation
  - Repräsentation der Wünsche und Erwartungen der Stakeholder und Rahmen für die restlichen Zielvorstellungen

- Entwicklung oder Überarbeitung einer Strategie
  - Entwicklung eines langfristigen Handlungsprogramms der Organisation
  - Unterscheidung und Abgrenzung der Organisation im „Wettbewerb"

- Kommunikation der Mission und Strategie in der gesamten Organisation
  - Informationen, Schulung der unterschiedlichen Zielgruppen der BSC (zum Beispiel Leitungskreis, MitarbeiterInnen, Pilotgruppen) mit Rückkopplungsmöglichkeiten
  - Einsatz verschiedener Medien

Fortsetzung: Umsetzungskomponenten einer Balanced Scorecard

- Ableitung strategischer Stoßrichtungen bzw. Handlungsfelder
  - Bestimmung der zentralen Handlungsfelder, mit denen die Mission umgesetzt werden kann (zum Beispiel Kundenbindung, Unternehmensgröße, Leistungsangebot, MitarbeiterInnenentwicklung, Leistungsqualität)

- Entwicklung des strategischen Zielsystems
  - Auswahl der Perspektiven, in denen die Ziele zu verankern sind, die der Umsetzung der Vision dienen (zum Beispiel Stakeholder, Finanzen, MitarbeiterInnen, Prozesse)
  - strategische Ziele, Kennzahlen, Maßgrößen formulieren
  - Ursache-Wirkungsketten bilden
  - Zusammenfassung der strategischen Ziele zu strategischen Projekten und Benennung von Projektverantwortlichen

- Integration von Organisationsebenen
  - Übertragung und Umsetzung der Rahmen-BSC auf andere Organisationsebenen: strategische Geschäftsfelder/Abteilungen, Funktionseinheiten/MitarbeiterInnen

- Verknüpfung strategischer Zielsetzungen mit langfristigen Zielvorgaben und dem Jahresbudget
  - Verankerung der strategischen Überlegungen im Budget: Abstimmung der Finanzen mit Inhalten. Finanzierung der Investitionen zur Zielerreichung
  - Ergänzung des Bestehenden und Einbindung neuer Kennzahlen, die auf neue Strategien anwendbar sind

- Feedback und strategischer Lernprozess
  - Prozess des Feedbacks, der Analyse und Reflexion, zur Strategieüberprüfung und -anpassung:
  - Gemeinsamer Rahmen, der allen MitarbeiterInnen die Strategie und ihren Handlungsbeitrag zur Gesamtstrategie verdeutlicht;
  - Feedbacksystem als Sammlung von Leistungsdaten zur Überprüfung der strategischen Hypothesen;
  - Teamorientierter Problemlösungsansatz zur funktionsübergreifenden Analyse der Leistungsdaten.

Umsetzungskomponenten einer Balanced Scorecard. *Quelle:* Bettina Stoll.

Management- und Qualitätsfunktionen der BSC in Sozialen Organisationen

6

1. Spezifika und Managementdefizite als Ansatzpunkte der BSC

In den vorangegangenen Kapiteln wurde dargelegt, welchen Besonderheiten, Herausforderungen und Aufgaben sich das Management in Sozialen Organisationen gegenübersieht, im Speziellen auch bezüglich der Qualität in Sozialen Organisationen. Zudem wurden die Funktion und der Aufbau der BSC aufgezeigt und ihre Struktur für Soziale Organisationen diskutiert und angepasst. In diesem Kapitel wird explizit dargestellt, welche Besonderheiten und Aufgaben des qualitätsorientierten Managements in Sozialen Organisationen durch die BSC aufgegriffen werden können und wie damit das Management letztendlich unterstützt wird.

In Kapitel 1 (Abschnitt „Spezifika und aktuelle Tendenzen in den Rahmenbedingungen Sozialer Organisationen") wurden die Spezifika und Entwicklungen in Sozialen Organisationen bzw. deren Rahmenbedingungen dargestellt, im Abschnitt „Managementdefizite in Sozialen Organisationen" wurden verschiedene Gründe für Managementdefizite aufgezeigt. Im vorliegenden Abschnitt soll auf diese Punkte Bezug genommen und dargestellt werden, ob und wie diese durch die BSC tangiert werden.

Balanced Scorecard und das Zielsystem

Dass und inwiefern das Zielsystem Sozialer Organisationen durch die BSC abgebildet wird, wurde bereits in Ansätzen in der Diskussion der verschiedenen Modelle der „sozialen" BSC deutlich. Das Oberziel der Sozialen Organisation – die Mission/Vision – wird durch die BSC in strategische Ziele übersetzt. Leistungswirkungsziele werden besonders in der Kundenperspektive offensichtlich. Je differenzierter die BSC ist (d. h. in Ableitung einer Rahmen-BSC), umso deutlicher und konkreter werden die Leistungswirkungsziele. Beispiele: Die Kunden sind zufrieden (allgemeines Leistungswirkungsziel); die Kinder/Jugendlichen erfahren in der Pflegefamilie Förderung, Orientierung und Geborgenheit (differenzierteres Leistungswirkungsziel). Die Kundenperspektive erlaubt dabei sowohl die Verankerung der Ziele, die sich auf die direkten NutzerInnen beziehen, als auch Leistungswirkungsziele, die sich auf Zustands-

bzw. Verhaltensänderungen bei den internen und externen mittelbaren Kunden beziehen. Damit wird deutlich, dass die vielfältigen im Zentrum des Zielsystems stehenden Anspruchsgruppen durch die BSC integriert, bzw. wie von Ackermann (2000, S. 17) betont wird, die BSC die ausgewogene Berücksichtigung aller Stakeholder-Interessen fordert. Leistungserbringungs-, Potenzial- und Verfahrensziele werden hauptsächlich in der Prozessperspektive thematisiert. Formalziele wie die Forderung nach Effektivität können weniger in einer bestimmten Perspektive verankert werden. Sie werden entweder bereits im Rahmen des normativen Managements festgelegt, oder/und das konkrete Formalziel bestimmt in diesem Fall, welche Perspektive betroffen ist.

Nach Drude (1994, S. 144) kann das Handeln verschiedener Personen gegenüber Dritten nur gelingen, wenn alles Handeln der Sozialen Organisation auf konkret benannte und allen Beteiligten bekannte Ziele gerichtet ist. Nur auf dieser Grundlage kann geplant, das Erreichte überprüft und gegebenenfalls nachgesteuert werden. Nur so ist ein Erfolg oder Misserfolg messbar. Drude verweist jedoch darauf, dass die Herausarbeitung von Zielen in vielen helfenden Institutionen ungewohnt und schwierig erscheint, und dass deshalb, gerade auch beim Griff nach Managementtechniken, die Frage nach den Zielen häufig übersprungen wird. Mit der BSC ist dies nicht möglich, die Operationalisierung und Quantifizierung der zu großen Teilen qualitativen Ziele ist ein zentrales Element derselben. Gleichzeitig werden über die Festlegung von Kenngrößen, Soll- und Ist-Werten die Kriterien zur Überprüfung der Zielerreichung festgelegt. Einerseits wird so das Management in seinem Steuerungsprozess unterstützt, zum anderen können die Gesamteffizienz dargestellt und Nutzenmessungen vorgenommen werden.

Balanced Scorecard und das Berichtswesen

Auch das defizitäre Berichtswesen wird durch die BSC optimiert. Schröder (2000, S. 52) betont die Eignung der BSC für den Aufbau eines Berichtssystems für die soziale Arbeit, welches nicht so sehr durch umfangreiche Produkt- oder Leistungsbeschreibungen mit Aussagen zur Struktur- und Prozessqualität auffällt, sondern durch die Darstellung der Wirkungen sozialer Arbeit und die Bedingungen ihres

Gelingens. Für ihn wird durch die BSC ein Berichtswesen aufgebaut, welches die fachliche und finanzielle Steuerung der Sozialen Organisation ermöglicht.

Es werden Daten in Form quantitativer und qualitativer Informationen geliefert, welche durch regelmäßige Überprüfungen die entscheidende Basis dafür sind, dass (rasche) Entscheidungen durch das Management getroffen werden können. Damit wird auch die Controllingfunktion (siehe unten) angesprochen, die der BSC häufig zugeschrieben wird. Zudem sind die durch die BSC eingeleiteten Zielbildungsprozesse dazu geeignet, den Beitrag der einzelnen MitarbeiterInnen zu den sozial- und finanzpolitischen Zielen des jeweiligen Trägers herauszuarbeiten.

Modern ausgestaltete Berichtswesen sind in der Regel auf elektronische Datenverarbeitungssysteme angewiesen, die einen entsprechenden Informations- und Kommunikationsaustausch ermöglichen, womit die technologische Entwicklung, die auch für Soziale Organisationen von hoher Bedeutung ist, angesprochen wird. Zum einen bedingt die BSC damit eine bestimmte Art der Technologie, zum anderen kann die Bewältigung der technologischen Entwicklung durch entsprechende Ziele in der Lern- und Entwicklungsperspektive angestrebt werden.

Standardisierung

Der Aspekt der Standardisierbarkeit von Arbeitsabläufen, zum Beispiel von Beratungsprozessen, wird durch die BSC als strategisches Instrument zunächst nicht tangiert. In der weiteren Konkretisierung der Ziele für die MitarbeiterInnen kann sich jedoch auch die Frage stellen, ob bestimmte Prozesse standardisiert werden sollen bzw. können.

Marktsteuerung

Die „Starrheit" der Ziele in Form mangelnder Wahlmöglichkeiten bei der Bestimmung der anzubietenden Dienstleistungen innerhalb einer Sozialen Organisation, die dadurch gegeben ist, dass finanzielle, politische bzw. gesellschaftliche Wertsetzungen und Interessen existieren, kann durch die BSC nicht gelockert werden, sie ist vielmehr deren Handlungsrahmen. Im Kontext der zunehmenden Marktsteuerung wird aber deutlich, dass die Wahlmöglichkeiten, die innerhalb des Rahmens gegeben sind, entsprechend den Bedürfnissen der Kunden der Organisation zu nutzen sind. In diesem Rahmen dient die BSC dem Management zur Steuerung und zur Integration der unterschiedlichen Sichtweisen, Interessen und Ziele. Durch die Formulierung einer Strategie und strategischer Ziele, die auf entsprechenden Analysen des Marktes und der Kunden basieren, kann sich die Soziale Organisation stabil auf dem Markt positionieren. Wenn auch das Steuerungsdefizit in einer Sozialen Organisation, welches durch fehlende Marktmechanismen entstanden ist, durch die BSC kompensiert werden kann, ist ihr Einsatz nicht von einer Marktsteuerung, d. h. von einer Konkurrenzsituation, abhängig.

Wachstum

Auch auf ein Wachstum von Sozialen Organisationen kann die BSC durch den Rückkopplungsprozess reagieren; grundsätzlich werden Ziele immer anhand des Standes (des Reifegrades) der Organisation formuliert.

Finanzierungsstruktur

Zudem kann der „besonderen" Finanzierungsstruktur durch die BSC entsprochen werden, „ihr" größter Verdienst ist dabei, dass die Finanzierung als Steuerungsfeld in Form einer Perspektive, neben den anderen Faktoren, aufgenommen wird. Die Finanzperspektive trägt dazu bei, sich der Herausforderung zu stellen, die Aufgaben der Sozialen Organisation mit den vorhandenen Mitteln zu bewältigen, d. h. wirtschaftlich zu arbeiten und konkrete Ziele zu setzen, die beispielsweise die Mittelbeschaffung etc. optimieren. Über die anderen Perspektiven kann die Organisation darin unterstützt werden, die MitarbeiterInnen mit einem Kostenbewusstsein vertraut zu machen, innovative Wege zu gehen, sich finanziell durch Prozessoptimierung zu verbessern.

Personal

Nach Berens/Karlowitsch/Mertes (2000, S. 27) fordern bzw. begründen die „Besonderheiten des Personals", zum Beispiel der Einsatz von ehrenamtlichem Personal (der zu einer kostenrechnerischen Bewertungsproblematik führen kann), eine Mitarbeiterperspektive. Denkbar wäre aber auch, dass strategische Ziele hierfür in der Finanzperspektive verankert werden. Deutlich wird, dass auch Personalfragen in der BSC integriert werden können.[1]

Einstellung zum Management

Die Balanced Scorecard kann notwendigerweise erst wirksam werden, wenn in der Sozialen Organisation die Entscheidung getroffen wurde, Management zu betreiben, das entsprechende Instrumentarium zu gebrauchen und sich die notwendigen Kenntnisse dafür anzueignen. Die Einstellung von Führungskräften, Management in Sozialen Organisationen sei nicht notwendig, kann die BSC nicht verändern, dies muss den Führungskräften aus den Veränderungen im Umfeld selbst deutlich werden, beispielsweise durch den nicht mehr fehlenden Wettbewerb, die Notwendigkeit des wirtschaftlichen Denkens, Ansprüche der Stakeholder. Mit der Darstellung des Wesens der BSC kann jedoch gezeigt werden, dass diese in ihrer Funktion als strategisches Managementsystem dazu beitragen kann, die komplexen Problemstellungen einer Sozialen Organisation aufzugreifen und steuerbar zu machen. Es liegt zudem nicht an der BSC, die Widerstände sozial Tätiger gegenüber der Übernahme von Managementfunktionen und damit von Anweisungs- und Kontrollfunktionen oder den Widerstand gegenüber wirtschaftlichem Handeln im Allgemeinen aufzulösen. Es kann wiederum nur dargestellt werden, dass die BSC ein Instrument ist, das dem Charakter Sozialer Organisationen und den Entwicklungen in deren Umfeld entspricht und es der Organisation ermöglicht, den optimalen Schnittpunkt zwischen notwendiger Wirtschaftlichkeit und möglicher Humanität zu finden.

Durch die Verbindung und Integration mehrerer Perspektiven wird deutlich, dass der Einsatz der BSC dem Umstand gerecht wird, dass viele Aspekte für die Steuerung, Leistung und Existenz der Organisation von Bedeutung sind – so auch die MitarbeiterInnen. Bei einer ersichtlichen Balance verschiedener Aspekte (nicht nur der Ökonomisierung) kann die abschreckende Wirkung von Management auf ehrenamtliche MitarbeiterInnen unter Umständen abgeschwächt werden[2]. Die BSC ermöglicht ein Management Sozialer Organisationen, das auch auf die Stakeholder der Organisation in der Hinsicht glaubhaft wirkt, dass nicht ein Management praktiziert wird, das die oft negativen Folgen effizienter profitorientierter Organisationen aufweist.

Bei einer sinngemäßen Anwendung der BSC wird diese notwendigerweise zu einer Gefährdung der zur „Legitimation" von sozialen Einrichtungen oder zur Verfestigung gesellschaftlicher Strukturen beitragenden Stabilisierungsfunktion des Missmanagements. Es muss (begründet) davon ausgegangen werden können, dass die BSC die Wirkungen der Leistungen der Organisation erhöht und sich die Organisation zumindest nicht hinsichtlich ihres eigenen Dilettantismus stabilisiert bzw. diese Wirkung abgeschwächt wird.

Legitimationskrise

Die BSC mit ihren Perspektiven und Zielen bezieht sich auch auf die Steuerung, Überprüfung und Verbesserung von Leistungsbereichen, welche im Zusammenhang mit der – der sozialen Arbeit zugeschriebenen – Legitimationskrise stehen. Mit ihr wird der sozialen Arbeit vorgeworfen, sie habe beispielsweise gesellschaftspolitische und ökonomische Entwicklungen vernachlässigt oder die professionelle Bearbeitung ihrer Aufgabengebiete sei nicht gegeben (vgl. Bader 1999, S. 25). Die BSC greift die mit den Aufgaben, der Organisationsform der Dienste, der Handlungskompetenzen der MitarbeiterInnen, der Qualität und der Wirtschaftlichkeit der Dienstleistungen (vgl. Gehrmann/Müller 1999, S. 31) in Zusammenhang stehenden strategisch wichtigen Punkte auf. Wird die BSC richtig eingesetzt, legitimiert sie damit die sozialen Leistungen. Der Vorteil dabei ist, dass mit der BSC all diese zu steuernden Aspekte verbunden werden und Steuerungsinstrumente nicht nebeneinander stehen.

Grundsätzlich ist zu bedenken, dass die BSC ein Instrument ist, welches personell, d. h. von Menschenhand, ausgefüllt werden muss. Es wird nicht ein vorgegebenes und inhaltlich definiertes Programm bereitgestellt. Dadurch ist auch die BSC, ihre Art der Wirkung und ihre Wirksamkeit, davon abhängig, in welcher Weise sie von Personen inhaltlich umgesetzt wird. Beispiele für zahlreiche Fehler bei der BSC-Implementierung sind nach Eisenreich (2000, S. 22 f.), dass die strategischen Ziele nicht klar formuliert werden oder dass mit der Entwicklung strategischer Ziele die BSC-Einführung abgeschlossen wird – Kennzahlen, Zielwerte und Maßnahmen werden nicht festgelegt. Des Weiteren werden der Einfachheit halber die bisher genutzten Kennzahlen – vorwiegend die typischen Finanzkennzahlen – auf die vier Perspektiven verteilt, ohne weiche Faktoren zu messen und in das Controlling einzubeziehen. Als Fehler muss zudem gelten, wenn die Entwicklung der BSC ohne die Beteiligten erfolgt, daher das Instrument nicht akzeptiert wird und ein unzureichender Informationsaustausch stattfindet. Grundsätzlich sollten die Ziele und der Nutzen der BSC ausreichend bekannt sein, sodass eine falsche Anwendung vermieden werden kann.

Zu beachten ist zudem, dass es sich bei der BSC vordergründig um ein strategisches Instrument handelt. Bestimmte Aussagen werden zuerst allgemein festgelegt bzw. es soll zuerst bestimmt werden, *was* zu tun ist, und erst sekundär, *wie* etwas zu tun ist.

2. Managementfunktionen und -aufgaben als Ansatzpunkte der BSC

In Kapitel 4 (Abschnitt „Grundlagen der BSC als Managementinstrument“) wurde bereits darauf hingewiesen, dass die BSC insofern ein Managementinstrument ist, als dass sie kritische Managementprozesse wie das Herunterbrechen der Vision, die Festlegung und Kommunikation von Zielen, die Abstimmung strategischer Initiativen etc., unterstützt. Neben der Darstellung der Verknüpfung des strategischen Managements mit der BSC soll in diesem Abschnitt vorrangig aufgezeigt werden, ob und wie die in Kapitel 1 genannten Managementfunktionen und -aufgaben durch die BSC tangiert werden. Zum Verständnis dieses Kapitels sind die in dem genannten Kapitel 1 (Abschnitt „Management – Definition“) und die in den vorangegangenen Kapiteln zur BSC vorgenommenen Erläuterungen Basis.

Dabei ist zu beachten, dass die Funktionen nachstehend immer im Kontext des *strategischen Managements* (siehe Kapitel 3) betrachtet werden. Der Bezug der BSC zum strategischen Management zeigt sich darin, dass diese im Anschluss bzw. zur Differenzierung einer möglichst bereits vorhandenen Strategie entwickelt wird. Auch wenn eine Strategie und ein daraus abgeleiteter Plan vorliegen, wird bei der Umsetzung einer BSC zur Plan- und Zielrealisierung immer wieder auf bzw. in den „Prozess des strategischen Managements" eingegriffen, da eventuell neue strategische Ziele formuliert werden müssen. Die Einführung einer BSC kann auch Anlass sein, Schwächen bzw. mangelnde strategische Analysen, die Strategieentwicklung etc. aufzugreifen und eine Strategie zuvörderst als Basis aufzubauen.

Es wurde bereits darauf hingewiesen, dass eine grundsätzliche Übertragbarkeit der Prinzipien des strategischen Managements aus dem marktwirtschaftlichen Zusammenhang auf die hauptsächlich mit qualitativen Größen arbeitenden Sozialen Organisationen mit dem allgemein qualitativen Charakter des strategischen Managements begründet wird. Dies kann mit Verwendung der BSC bestätigt werden. Jedoch wird dieser allgemein qualitative Charakter durch die BSC und damit durch die Verbindung zum operativen Management (siehe unten) und zur Zielerreichung der MitarbeiterInnen konkretisiert (und ist auch auf dieser operativen Ebene für den Sozialbereich geeignet).

Planungsfunktion

In Bezug auf die Planungsfunktion der ManagerInnen betrifft die BSC primär die strategische Planung, deren Inhalte in den Perspektiven festgehalten werden. Durch die BSC wird jedoch auch die Verbindung mit der jährlichen Ressourcenallokation und Budgetierung (also der operativen Planung) empfohlen. Um überprüfen zu können, ob die Annahmen zur Strategie richtig sind, müssen kurzfristige Vorgaben für die Kennzahlen der BSC formuliert werden. Dies wird als eine Erweiterung des traditionellen Budgetierungsprozesses betrachtet. Neben den monetären Kennzahlen für die übrigen drei Perspektiven können kurzfristige Ziele aufgestellt werden, zum Beispiel bezüglich dessen, was in einem Vierteljahr bei den Ergebnissen und Leistungstreiberkennzahlen für Kunden, Innovation, operative Prozesse sowie MitarbeiterInnen, Systeme und Ausrichtung der Organisation erreicht werden soll (vgl. Kaplan/Norton 1997, S. 239).

Führungsfunktion

Im Kontext der Führungsfunktion werden Maßnahmen, welche die MitarbeiterInnen betreffen, vor allem durch die Lern- und Entwicklungsfunktion angesprochen. Damit sind auch Maßnahmen gemeint, die die eigenen Führungskompetenzen betreffen. Die Ergebnisverantwortung kann erleichtert werden, indem ein gezieltes Management durch die BSC unterstützt und Fehlentwicklungen korrigierbar gemacht werden. Durch die Transparenz, die mit der BSC auch für andere geschaffen wird, kann die Führungskraft entlastet werden. Die Integration von Einrichtungs- und MitarbeiterInnenpotenzialen wird grundlegend durch den Zusammenhang der Perspektiven und durch die – über die gesamte Organisation reichende – Zieldiskussion und Kommunikation optimiert. Die Ausrichtung der MitarbeiterInnen auf gemeinsame Ziele wird gefördert.

Controllingfunktion

Da die BSC häufig auch als Controllinginstrument bezeichnet wird, wird ihre diesbezügliche Funktion im Folgenden etwas ausführlicher beschrieben. Die Aufgabe des strategischen Controlling besteht darin, strategische Planungs- und Kontroll- sowie Informationsversorgungsprozesse untereinander und mit den übrigen (operativen) betrieblichen Planungs- und Kontrollprozessen zu koordinieren, d. h. die Bedeutung strategischer Entscheidungen für die operative Planung zu erfassen (vgl. Beck 1998, S. 54). Mittels der Controllingfunktion im Rahmen des strategischen Managements ist für die ManagerIn gleichzeitig die Aufgabe bzw. die Notwendigkeit zur Korrektur (Korrekturfunktion), zur Antizipation (Antizipationsfunktion) und zum Lernen (Lernfunktion) verbunden (vgl. Gmür 2000, S. 191). Über die Korrekturfunktion werden Informationen über Abweichungen vom strategischen Plan bzw. den Zielen für Korrekturhandlungen herangezogen. Die Antizipationsfunktion verweist darauf, dass zukünftige Anpassungserfordernisse, die aus Plankontrollen während der Plandurchführung deutlich werden, in entsprechenden neuen Maßnahmen resultieren. Die Lernfunktion bezieht sich auf eine verbesserte Planung und Implementation sowie auf eine Weiterentwicklung der strategischen Kontrollabläufe.

Im Rahmen der BSC findet zum einen ein durch die vom Controlling festgestellten Ergebnisse initiiertes Lernen statt, indem die Maßnahmen fortgeführt werden, die zur Zielerreichung führen, und sich nicht bewährende Maßnahmen eingestellt bzw. ersetzt werden (Anpassungslernen). Zum anderen findet ein Lernen statt, wenn ein Reflexionsprozess über die Ziele initiiert wird, weil bestimmte Maßnahmen scheitern. Die strategischen Ziele werden in Frage gestellt (Veränderungslernen). Schließlich erfolgt das Lernen über den Strategieentwicklungsprozess: Der Prozess der Entstehung und Veränderung von Zielen oder Maßnahmen wird auf seine Sinnhaltigkeit und Richtigkeit überprüft (Prozesslernen). Die Lernfunktion der BSC (welche die Korrektur- und Antizipierfunktion impliziert) wird besonders in dem in Kapitel 4 (Abschnitt „Grundlagen der BSC als Managementinstrument") erläuterten Managementprozess der „Verbesserung von strategischem Feedback und Lernen" deutlich. In diesem Zusammenhang wird auch die Möglichkeit einer lernenden Organisation auf der Geschäftsführungsebene geschaffen. Die Korrekturfunktion kann durch die BSC dadurch erfüllt werden, dass zum einen Zielwerte vorgegeben werden, zum anderen darauf bezogene Toleranzwerte, für deren Über- oder Unterschreiten Korrekturhandlungen vorgenommen werden müssen. Die Antizipationsfunktion wird durch die BSC dadurch erfüllt, dass zum Beispiel monatliche oder vierteljährliche Überprüfungen der Zielerreichungen stattfinden. Die Ergebnisse der Überprüfungen werden für Prognosen herangezogen. Diese beziehen sich auf die Frage, ob die Zukunftserwartungen aufrechterhalten werden können, oder ob sich – beispielsweise aufgrund des sich verändernden Umfelds der Organisation – neue Herausforderungen ergeben, die zum Zeitpunkt der Strategieformulierung noch nicht vorhersehbar waren.

Nach Halfar (2000, S. 72) sind zum Aufbau eines Controllings aus Managementsicht verschiedene Zieldimensionen wichtig: „... das Geld (im Sozialbereich bezog sich die Controllingfunktion lange nur auf den ökonomischen Bereich ...), die Zufriedenheit der Klienten, die Qualität der Hilfe, und die Fähigkeit sich unter zunehmend konkurrenten Bedingungen gut zu behaupten". Seiner Meinung nach ist die

BSC ein Instrument, welches in seiner Controllingfunktion diese verschiedenen Zieldimensionen bzw. Perspektiven ausgewogen berücksichtigt und über deren Zusammenhänge informiert. Nach Berens/Karlowitsch/Mertes (2000, S. 25 f.) ist die BSC „als Berichts- bzw. Steuerungsinstrument deshalb für NPOs prädestiniert, weil sie nicht wie die meisten ‚klassischen' Controllingverfahren allein auf eine monetäre Sichtweise abstellt. Im Gegensatz dazu kann die Balanced Scorecard als äußerst variables Instrument so umgestaltet werden, dass die monetäre Perspektive in den Hintergrund tritt. Dafür können der *Sachzieldominanz in NPOs* [Hervorhebung im Original] folgend, qualitative nicht-monetäre Größen stärker betont werden."

Beyer/Horneber (2002, S. 208) stehen der Betrachtung der BSC als Kennzahlen- und Controllingsystem für NPOs kritisch gegenüber, da sie eine Überbetonung von Fragen über die Messbarkeit und bürokratischen Aufwand befürchten. Vielmehr sollte das Erfolg versprechende Moment der BSC speziell für gemeinnützige Organisationen darin gesehen werden, dass sie als Instrument für den „Start in eine Strategiediskussion über die Zukunftsfähigkeit" (vgl. Beyer/Horneber 2002, S. 208) der Organisation begriffen werden kann. Speziell im Zusammenhang damit, dass die BSC nicht als Measurement-, sondern als Managementsystem begriffen werden soll (vgl. Kaplan/Norton 1997, S. 262), und es nicht Ziel eines BSC-Projektes ist, einen neuen Kennzahlenkatalog zu entwickeln, muss dieser Hinweis als berechtigt betrachtet werden. Es muss jedoch angemerkt werden, dass erstens gerade die BSC dadurch geprägt wird, dass nur die wichtigsten Ziele und Kennzahlen aufgenommen werden, bürokratischer Aufwand generell nicht im Sinne der BSC ist und zweitens gerade die Debatte um die Messbarkeit speziell von nicht-finanziellen Faktoren ein wichtiger und innovativer Bestandteil der BSC ist. Eine gänzliche Vernachlässigung der Controllingfunktion der BSC würde diese um eine ihrer grundlegenden Funktionen, die auch der Bewertung und Motivation dienen kann, für Soziale Organisationen berauben.

Innovationsfunktion

Des Weiteren wurde Innovation als eine grundlegende Funktion des Managements benannt: als Anpassung an veränderte Rahmenbedingungen, für die Erarbeitung neuer Ziele, Leistungen, Verfahren, Ressourcen und zum Abbau von Widerständen bei den von Innovationen Betroffenen etc. Die BSC entspricht diesen innovatorischen Herausforderungen zum einen mit der internen Prozessperspektive. Mit dieser Perspektive werden Ziele und Maßnahmen festgelegt, mit denen neue oder veränderte Prozesse eruiert werden, die zur Erreichung der Kundenzufriedenheit beitragen sollen, wie auch zur Entwicklung und Erstellung innovatorischer Produkte und/oder Dienstleistungen. Zum anderen ist die Innovationsfunktion in der Lern- und Entwicklungsperspektive integriert. Mit ihr wird die Voraussetzung dafür geschaffen, dass beispielsweise die MitarbeiterInnen derart gefördert und behandelt werden, dass diese mit ihrem kreativen Potenzial zur Verbesserung von Leistungen und Prozessen beitragen können und möchten. Dazu können auch Ziele gehören, deren Erreichung dazu beitragen soll, Ängste von MitarbeiterInnen, die durch Veränderungen im Sozialbereich entstehen, abzubauen.

Organisationsfunktion

Die Organisationsfunktion (aufbauorganisatorische und ablauforganisatorische Aufgaben bzw. Vorgaben oder Ziele des Managements) ist eng mit der Prozessperspektive verbunden. Schlüsselprozesse können nur auf Basis einer optimierten Organisationsstruktur identifiziert und verbessert werden. So können in der Prozessperspektive unter anderem Ziele über die Art der Zusammenarbeit (zum Beispiel Teamarbeit, integrierte Beratungsnetzwerke) oder Aufgabenspektren (Individual-, Gruppenberatung) integriert werden. Auch die ablauforganisatorischen Vorgaben können durch das Management über Ziele und Kennzahlen dargestellt werden, zum Beispiel in Form von zeitlichen Vorgaben für Beratungsprozesse oder der Forderung nach einer überregionalen Zusammenarbeit von Beratungsstellen.

Personaleinsatz

Die Managementfunktion Personaleinsatz (die Stellenbesetzung, Sicherstellung und Erhaltung der Humanressourcen, einschließlich Personalbeurteilung und Personalentwicklung) wird am treffendsten durch die Lern- und Entwicklungsfunktion angesprochen. Der (richtige, d.h. die Abstimmung von Anforderungs- und Fähigkeitsprofil) Personaleinsatz ist richtungsweisend für das Lern- und Entwicklungspotenzial in Organisationen.

Mit der in diesem Abschnitt vorgenommenen Darstellung wird deutlich, dass die BSC das Management in seinen Funktionen und Aufgaben auf eine ganzheitliche Weise unterstützt: Ihr Vorteil liegt darin, dass sie zwar „nur" die wesentlichen strategischen Ziele, Kennzahlen, Zielwerte und Maßnahmen anspricht, aber sich auf alle Managementfunktionen bezieht und damit mehrere einzelne Steuerungsinstrumente zusammenfasst.

3. Das Instrument BSC und das Sozialmanagement

Müller-Schöll (1993, S. 142 f.) konstatiert, dass das Sozialmanagement bestimmte Prinzipien beachten soll, bzw. dass Instrumente und Methoden des Managements bestimmten Anforderungen gerecht werden müssen. So soll zum einen die Planung offen erfolgen, d. h. es werden nicht in geschlossenen „Expertengremien" Vorgaben erarbeitet, sondern MitarbeiterInnen und KlientInnen sind zu beteiligen (im Sinne des Stakeholder-Ansatzes kann derzeit auch die Beteiligung der externen mittelbaren Kunden gefordert werden); ein Anspruch, der bereits im Zusammenhang mit den Aufgaben des Managements unter dem Aspekt der Qualitätsorientierung formuliert wurde.

Die BSC als Instrument des qualitätsorientierten Sozialmanagements

Beteiligung und Offenheit sind Voraussetzungen für mehrperspektivische Problemlösungen und innovative Ansätze, da verschiedene Aspekte, Erfahrungen und Interessen berücksichtigt und integriert werden können. Zudem sollten Methoden transparent sein: Der Prozess der Meinungs- und Willensbildung, der Informationsvermittlung, Bewertung und Entscheidung muss für alle durchsichtig, verständlich und diskutierbar sein. Damit ist die Forderung nach Nachvollziehbarkeit verbunden, womit gemeint ist, dass die Instrumente und Zielsetzungen für alle Beteiligten nachvollziehbar, anwendbar und motivierend sein müssen. Zudem wird von einer Offenheit für Entwicklungen gesprochen, d. h. Instrumente sollen problemgerecht, ergebnisorientiert und beweglich sein. Der Komplexität und Beschaffenheit der jeweiligen Problemstellung muss entsprochen und auf Veränderungen reagiert werden.

Die BSC sieht vor, dass deren Entwicklung durch das Management mit einem ausgewählten Team vorgenommen wird. Dass sich dabei – wie für ein Sozialmanagementinstrument gefordert – das Team aus MitarbeiterInnen zusammensetzt, ist durchaus möglich. Denkbar ist auch, dass je nach Größe der sozialen Einrichtung und nach Art der BSC (Rahmen-BSC etc.) weitere Managementebenen einbezogen werden – bei der Umsetzung sind diese notwendiger Bestandteil. Bei der Beteiligung der KlientInnen stellt sich die Frage nach der Art deren Partizipation. Es muss sicherlich von Fall zu Fall entschieden werden, auf welche Weise es für ein strategisches Managementinstrument sinnvoll bzw. möglich ist, die KlientInnen einzubeziehen. Zeigt sich beispielsweise die „Beteiligung" darin, dass Kundenbefragungen durchgeführt werden? Erweist es sich für das strategische Management sinnvoll, KlientInnen zum Beispiel als Teammitglieder einzubeziehen? Zweckmäßig könnte es auch sein, sonstige Stakeholder einzubeziehen. Bei Beteiligung aller Stakeholder kann das gegenseitige Verständnis gefördert bzw. können auch Kontroversen zum Beispiel im Qualitätsverständnis von MitarbeiterInnen und NutzerInnen deutlich werden. Andererseits besteht die Frage, inwieweit die Transparenz gegenüber KundInnen und KlientInnen zur Produktivität des Entwicklungsprozesses beiträgt, d. h. bis zu welchem Grad der Beteiligung eine Gruppe noch handlungsfähig ist. Sowohl die Einbeziehung von MitarbeiterInnen wie auch der Stakeholder stößt zumindest quantitativ an Grenzen.

Da die BSC in der gesamten Organisation kommuniziert und damit auch der Weg und die Ziele der Organisation deutlich werden, weist die BSC einen hohen Grad an Transparenz und Nachvollziehbarkeit auf. Für das Gelingen der BSC ist es unabdingbare Voraussetzung, dass die MitarbeiterInnen informiert, einbezogen und der jeweilige Beitrag der MitarbeiterInnen für die Zielerreichung diskutiert werden. Zudem weist das Management mit einer BSC einen hohen Grad an Offenheit für Entwicklungen auf. Problemgerecht kann agiert werden, indem Schlüsselprozesse, die für die Soziale Organisation zentral sind, aufgegriffen werden. Die Ergebnisorientierung resultiert aus den definierten Kennzahlen, Zielvorgaben, Maßnahmen und der Überprüfung der Zielerreichung. Die Beweglichkeit ergibt sich daraus, dass strategische Ziele etc. bei entsprechenden Veränderungen angepasst werden können. Davon ausgehend, dass die „Komplexität der Problemstellungen" auf strategischer Ebene unter anderem bedeutet, dass die Interessen verschiedener Zielgruppen zu beachten sind, dass die Soziale Organisation fachliche, gesellschaftliche und monetäre Aspekte auszubalancieren hat, entspricht die BSC dieser Komplexität insofern, als dass all diese Aspekte, unter Auswahl der jeweils wichtigsten, integriert werden können.

In Verbindung mit Kapitel 2 (Abschnitt „Qualität und Management") wird deutlich, dass die BSC damit auch die grundlegenden Aufgaben des Managements unter dem besonderen Aspekt der Qualitätsorientierung unterstützt. Die BSC entspricht auf der strategischen Ebene – neben der Forderung nach der Beteiligung von MitarbeiterInnen und NutzerInnen und der Information von und Kommunikation[3] mit MitarbeiterInnen – der Forderung nach Zielsetzungen und Feedback über das Qualitätsniveau der Arbeitsleistung und zur Überprüfung der Zielerreichung, um damit die Qualität zu verbessern. Darüber hinaus kann mit bzw. in der BSC bereits die Schaffung der notwendigen organisatorischen Rahmenbedingungen (damit auch der identifikationsfördernden Arbeitsstrukturierung) wie auch der technischen und personellen Voraussetzungen integriert werden.

Die BSC und die sozialen Aspekte des Sozialmanagements

Die BSC wurde bisher stets im Kontext des Sozialmanagements thematisiert. Betrachtet man nun die BSC zusammenfassend und explizit im Zusammenhang mit den Aspekten, die nach Engelhardt (1999, S. 4f.) das Sozialmanagement kennzeichnen (siehe Kapitel 1, Abschnitt „Konzepte und Merkmale des Sozialmanagements"), ist zu konstatieren, dass die BSC einen Rahmen vorgibt, der nicht der Forderung nach einem ethisch-moralischen Aspekt im Management widerspricht. Die BSC ist kein Managementinstrument, welches von sich aus in irgendeiner Weise die Achtung vor Menschen, sowohl die direkten NutzerInnen, die externen mittelbaren Kunden wie auch die MitarbeiterInnen betreffend, gefährdet, indem zum Beispiel ökonomische vor humanen Gesichtspunkten in den Vordergrund geschoben werden. Vielmehr liegt es an den mit der Entwicklung einer BSC Beauftragen, die Strategie und Ziele der Sozialen Organisation entsprechend den Bedürfnissen der Stakeholder auszuhandeln. Welche ethisch-moralischen Vorgaben die jeweilige Organisation kennzeichnen, liegt in der Hand derjenigen, die sie formulieren, nicht im Instrument BSC. Die BSC birgt die Möglichkeit, explizit Ziele mit den gewünschten Wirkungen auf MitarbeiterInnen und KundInnen zu formulieren und deren Erreichung auch zu garantieren. Durch ihre Transparenz und ihren hohen Kommunikationsgrad stellt sie sich zudem Diskussionen, die einen Missbrauch weitgehend verhindern können. Eine BSC, wie sie in den vorangegangenen Kapiteln für eine nicht profitorientierte Soziale Organisation aufgebaut wurde, instrumentalisiert auch nicht die direkten NutzerInnen oder die MitarbeiterInnen – wie teils von den letztgenannten befürchtet – für die Erreichung finanzieller Ziele.

Auch der Forderung, dass ein Managementinstrument dem spezifischen, d. h. sozialen Arbeitsfeld gerecht zu werden hat, entspricht die BSC. Wie bereits im Abschnitt „Managementdefizite als Ansatzpunkte der BSC" gezeigt, lässt sich die BSC als Managementinstrument auf die Eigenheiten Sozialer Organisationen übertragen und trägt zur Bewältigung der im Kontext Sozialer Organisationen entstehenden Probleme bei.

Abschließend ist die Frage zu stellen, inwiefern die BSC zur Aktivierung der in den beteiligten Menschen (NutzerInnen, MitarbeiterInnen, andere Betroffene, etwa Angehörige) liegenden Fähigkeiten beiträgt. Es wurde bereits mehrmals darauf hingewiesen, dass vor allem mit der Lern- und Entwicklungsperspektive die Bedeutung der MitarbeiterInnen für die Soziale Organisation, ihre Leistungen und schließlich die Kundenzufriedenheit erfasst werden, mit der Intention, dass sich die MitarbeiterInnen aktiv, produktiv und kreativ bei der Umsetzung von Leistungen einsetzen. Es wurde auch eine mögliche zusätzliche MitarbeiterInnenperspektive thematisiert. Zudem erweist sich die BSC als ein Instrument, welches zu einer intensiven Kommunikation zwischen Management und MitarbeiterInnen führt bzw. führen muss. Die BSC-Ziele müssen in die individuellen Leistungsziele der MitarbeiterInnen eingebunden werden. Dieser Prozess muss als wertvoll angesehen werden, da die MitarbeiterInnen hier eigenverantwortlich für ihr Aufgabenspektrum festlegen können, wie sie zur Zielerreichung beitragen. Die BSC soll kein Instrument sein, welches bei den MitarbeiterInnen das Gefühl weckt, auf eine destruktive Weise kontrolliert zu werden. Die Überprüfung der für und von den MitarbeiterInnen festgelegten Zielvorgaben und die Erreichung der Ziele sollen Initiatoren für Veränderungen und Verbesserungen sein; gleichzeitig geben sie einen gewissen Handlungsrahmen vor. So kann erkannt werden, wie das Handeln in einem Bereich andere Bereiche beeinflusst.

In Bezug auf die NutzerInnen wird mit der Kundenperspektive auf strategischer Ebene festgelegt, welche Wirkungen die Leistungen bei ihnen haben sollen. Auf welche Weise die beteiligten Menschen und welche ihrer Fähigkeiten aktiviert werden sollen, wird in der weiteren Differenzierung, zum Beispiel im Rahmen der Prozessperspektive, näher festgelegt bzw. ergibt sich konkret in der operativen Umsetzung durch die MitarbeiterInnen (im Bildungsprozess, Beratungsgespräch etc.).

In welchem Maße die „anderen Betroffenen" einbezogen werden, hängt davon ab, wer diese sind und inwiefern sie in die Ziele aufgenommen werden.

Die BSC eignet sich sowohl für große, hierarchisch mehrfach gegliederte Soziale Organisationen als auch für kleine soziale Einrichtungen. Die BSC widerspricht auch nicht dem Umstand, dass Fach- und Managementfunktionen in Sozialen Organisationen des Öfteren nicht von unterschiedlichen Personen durchgeführt werden. Mit der Festlegung der Personen, die für die Durchführung bestimmter Maßnahmen oder für die Erreichung bestimmter Ziele verantwortlich sind (eine der Möglichkeiten der Beteiligung der MitarbeiterInnen an der BSC), wird diesem Umstand Rechnung getragen. Mit der Verantwortung für die Zielereichung bezüglich der Rahmen-BSC wird auch dazu beigetragen, dass die MitarbeiterInnen selbst in Perspektiven denken, und so zur Optimierung der Prozesse, der Kundenzufriedenheit, der wirtschaftlichen Aspekte und ihrer eigenen Qualifikation beitragen. Mit der BSC wird damit die Aussage von Puch/Westermeyer (1999, S. 18 f.) untermauert, dass die Verwendung von Managementinstrumenten eine Herausforderung ist, die auch die MitarbeiterInnen vor Ort betrifft.

4. Qualitätsorientierte und -integrierende Funktionen der BSC

Im folgenden Abschnitt werden explizit und zusammenfassend diejenigen Funktionen der Balanced Scorecard herausgegriffen, die ihre Bezeichnung als Qualitätsinstrument für Soziale Organisationen gerechtfertigt erscheinen lassen.

Qualitätsorientiertes Management

Die BSC ist an sich eine qualitätssichernde bzw. -entwickelnde Maßnahme des Managements, da geplant und zielgerichtet vorgegangen wird, und übernimmt damit gleichzeitig die Funktion eines Management- und Qualitätsinstruments. Die Qualität des Managements im Speziellen wird beispielsweise dadurch verbessert, dass die strategische Planung mit der operativen Planung verbunden wird (davon ausgehend, dass grundlegend ein systematisches Management praktiziert wird). Die Planung der ManagerInnen wird hinsichtlich ihres Realitätsgehaltes und ihrer Umsetzbarkeit überprüfbar. Zudem unterstützt die BSC die Verbesserung der Führungsqualität, da das Management die MitarbeiterInnen mit relevanten Daten und Informationen für deren Arbeit versorgen kann. Sie sorgt damit für Transparenz in den Strukturen, Abläufen und Informationsprozessen. Des Weiteren trägt die BSC zur Sicherung der fachlichen Qualität durch das Management bei. Dies aber nicht primär in dem Sinne, dass die unmittelbare Leistungserbringung am Klienten bewertet wird, sondern dass die fachliche Qualität dadurch gesichert wird, dass zunächst die richtigen Leistungen und Maßnahmen ausgewählt werden. Zudem schafft das Management die Voraussetzungen dafür, dass wiederum die sozial Tätigen ihre fachliche Qualität sichern können, zum Beispiel dadurch, dass der Aufbau von Berichtsstrukturen veranlasst, die interne Struktur der Dienste koordiniert und damit zur mittelbaren und unmittelbaren Unterstützung von Betreuungsprozessen beigetragen wird.

Qualitätscontrolling

Nach Lachhammer (2000, S. 142 ff.) übernimmt die Balanced Scorecard unter anderem die Funktion eines Qualitätscontrolling. Die BSC eignet sich in diesem Sinne, da es mit ihr möglich ist, den definierten qualitätsrelevanten Eigenschaften und Eignungen der Kernprozesse der Sozialen Organisation Quality-Control-Points (= Kennzahlen) sowie Zielniveaus und -toleranzen zuzuordnen. Das heißt: Mit der BSC wird ein Kennzahlensystem (auf der Basis eines Berichtswesens) aufgebaut, welches die Überprüfung der Erreichung der Ziele und der damit verbundenen Qualitätsniveaus ermöglicht. Dabei wird mit der BSC letztendlich festgelegt, was (zunächst auf strategischer Ebene) für Qualitätsstandards gesetzt werden, welches Qualitätsniveau angestrebt wird und welche Elemente unter Qualitätsaspekten definiert werden.

Rahmen für und Komplement zu Qualitätsinstrumenten und -systemen

Des Weiteren ist die BSC ein rahmengebendes bzw. andere Qualitätsmanagementsysteme ergänzendes Qualitätsinstrument. Qualität wird in der BSC nicht explizit als integraler Bestandteil derselben genannt und ist damit kein verbindlicher Teil (außer in dem Sinne, dass die BSC an sich einen Bewertungsprozess darstellt), ihre Integration liegt jedoch nahe. Die Implementation des Qualitätsbegriffes kann unternehmensspezifisch vorgenommen, aber auch außer Acht gelassen werden. Beim Total Quality Management (TQM) (siehe Kasten auf S. 155) ist der Qualitätsbegriff integraler Bestandteil und kann wie zum Beispiel auch ISO 9000 ff. nach Kaplan/Norton (1997, S. 222) im Rahmen der BSC als strategische Initiative verstanden werden. Durch kontinuierliche Verbesserungen – TQM unterstützt keine radikalen Veränderungen – soll die Zielerreichung unterstützt werden, d. h. das Qualitätsmanagement wird in diesem Zusammenhang an seinem Beitrag zur Erreichung strategischer Unternehmensziele (in der BSC definiert) gemessen (vgl. Beyer/Horneber 2002, S. 207).

Während die BSC eher strategisch und visionär ausgerichtet ist, ist TQM eher strategisch und operativ ausgerichtet, d. h. für die operative Umsetzung werden mehrere nicht organisationsspezifische Werkzeuge zur Verfügung gestellt (vgl. Nöst 1998, S. 2).

Total Quality Management (TQM)

TQM setzt sich zum Ziel, Qualität von der Kunden- über die MitarbeiterInnenorientierung in sämtliche internen Prozesse hineinzutragen und damit Qualität für alle Anspruchsgruppen zu erzeugen. Qualitätsmanagement soll als integrierter Gestaltungsansatz für eine gesamte Organisation gelten (vgl. Schwarz 1997, S. 12). Im TQM wird Qualität zum umfassenden Bezugspunkt und zum zentralen Ziel des Handelns in Organisationen. Diese werden dabei als sozio-technische Systeme gesehen, die aus den Subsystemen „technisches" (Aufbau, Strukturen, Arbeitsabläufe) und „soziales System" (MitarbeiterInnen und Gruppen sowie deren soziale Beziehungen) bestehen. QM hat in dem intendierten, dynamischen Verbesserungsprozess beide Systeme und deren Wechselwirkung zu berücksichtigen (vgl. auch Puch/Westermayer 1999, S. 113 ff.).

Der European Quality Award (EQA), synonym auch als EFQM (European Foundation for Quality Management) bezeichnet (siehe Kasten auf S. 156), kann als ein das TQM unterstützendes Instrument angesehen werden. Horváth und Partner (2000, S. 316) sehen im EFQM und der BSC zwei sich ergänzende Konzepte mit unterschiedlichen Zielen, die jedoch beide eine weit reichende Verbesserung der Organisationsleistung intendieren. Beim EFQM steht die Frage, *ob die Dinge richtig getan werden,* im Vordergrund. Über die Überprüfung von Tätigkeiten und Ergebnissen der Organisation wird aus der aktuellen Situation versucht, in allen Bereichen der Organisation Verbesserungen zu erzielen. Die BSC stellt, wie bereits erwähnt, die *Frage nach den richtigen Dingen* in den Vordergrund. Durch das strategieorientierte Management sollen größere Veränderungen initiiert und gesteuert werden, um die Effektivität des Unternehmens zu erhöhen. Die BSC muss damit als dem EFQM und TQM übergeordnet verstanden werden bzw. bei gleichzeitiger Verwendung müssen die jeweiligen Instrumente aufeinander abgestimmt werden. Insgesamt kann die BSC dazu beitragen, dass die im Rahmen von Qualitätsmanagementinstrumenten wie TQM und EFQM entwickelten und sehr zahlreichen Indikatoren auf die wichtigsten beschränkt und koordiniert werden.

European Quality Award (EQA) – EFQM

Der European Quality Award (EQA) ist ein Selbstbewertungsmodell für den Öffentlichen Sektor und wurde von der European Foundation for Quality Management (EFQM) entwickelt. Das zugrunde liegende Konzept wird „Umfassendes Management" genannt und ist an den Prinzipien des TQM orientiert. Die Qualitätsmerkmale des European Quality Award sind in zwei Gruppen („Befähiger" und „Ergebnisse") mit insgesamt neun Qualitätsdimensionen unterteilt. Zu der Gruppe Befähiger gehören alle Dimensionen, die die Voraussetzungen dafür bilden, dass eine Organisation Erfolg hat: Führung, MitarbeiterInnen-Orientierung, Politik und Strategie, Ressourcen, Prozesse. Zu der Gruppe der Ergebnisse gehören alle Dimensionen, die durch Qualitätsanstrengungen verbessert werden sollen: MitarbeiterInnenzufriedenheit, Kundenzufriedenheit, gesellschaftliche Verantwortung/Image, Geschäftsergebnisse. Mit Hilfe der Beurteilungskriterien wird ein Einrichtungsprofil erstellt, die Dimensionen sind unterschiedlich gewichtet und können im Rahmen der Selbsteinschätzung durch Punkte bewertet werden (vgl. The EFQM Excellence Model, Quelle: European Foundation for Quality Management 2008; Puch/Westermeyer 1999, S. 116 ff.).

Ziele zur Qualität

In der Regel werden, wenn auch der Auftrag, Qualitätsziele festzulegen, nicht explizit in der BSC verankert ist, ausdrücklich Ziele zur Qualität, zum Beispiel bezüglich der Prozesse, der Beschaffenheit eines Produktes, der Struktur, des Qualifikationsniveaus der MitarbeiterInnen, formuliert. Im Extremfall kann, wie bereits dargestellt, eine Qualitätsperspektive implementiert werden, wenn mit ihr Ziele formuliert werden können, die einen Wettbewerbsvorteil zu bieten scheinen, und damit über die Funktion der Existenzsicherung hinausgehen. Qualitätsziele können aber nach Kaplan/Norton (1997, S. 84 f.) auch ohne eine Qualitätsperspektive in den verschiedenen Perspektiven verankert werden, beispielsweise hinsichtlich der durch Kunden als wichtig eingestuften Qualitätskennzahlen (Reklamationen, Inanspruchnahmen von Servicegarantien etc.). Aber auch in der Prozessperspektive können Ziele und Kennzahlen (Beratungszeit, Zielerreichungsgrad etc.)

zur Qualität formuliert werden. In der Lern- und Entwicklungsperspektive kann zum Beispiel die fachliche Qualifikation der MitarbeiterInnen ins Auge gefasst werden, oder Ziele, die sich auf einen Verbesserungsprozess beziehen. Wird auch die Wirtschaftlichkeit, d. h. das Kosten-Nutzen-Verhältnis, als qualitätsrelevantes Merkmal bestimmt, können sich zudem in der Finanzperspektive explizite Qualitätsziele, wie die Reduktion der Fallkosten bei gleich bleibendem Nutzen, finden.

Gestaltung der Qualitätsebenen

Dadurch, dass die BSC die simultane Funktion eines Management- und eines Qualitätsinstrumentes impliziert und Ziele zur Qualität festgelegt werden, tangiert und gestaltet die BSC auch die drei Qualitätsebenen einer Sozialen Organisation.

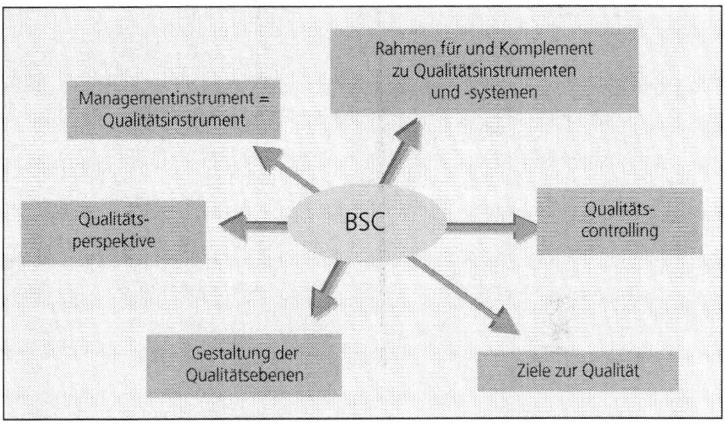

Funktionen der BSC als Qualitätsinstrument. *Quelle:* Bettina Stoll.

Hinsichtlich der *Strukturqualität* einer Organisation ist die BSC als strategisches Managementinstrument ein Teil derselben. Die BSC entspricht dem Umstand (siehe Kapitel 2 „Aspekte der Qualität in Sozialen Organisationen"), dass Zielbestimmungen für die Strukturqualität einen zentralen Stellenwert haben. Die Strukturqualität der Sozialen Organisation durch das Management wird durch rechtliche, marktliche, konkurrenzbezogene und wettbewerbliche Faktoren bestimmt, die den Rahmen für die Ziele festlegen, welche wiederum durch Bedarfsermittlungen, Bedürfnisorientierung etc. näher definiert werden. Bedarfsanalysen sind, wie in Kapitel 3 beschrieben, im Prozess des strategischen Managements integriert, Erkenntnisse daraus finden Eingang in die Organisationsstrategie (Geschäftsfeld-, Funktions-, Subfunktionsstrategien) und werden durch die BSC in strategische Ziele transferiert. Die aus dem Management resultierende Strukturqualität zeigt, auf welche Weise das Management die Soziale Organisation innerhalb der vorgegebenen strukturellen Bedingungen platziert.

Im weiteren Herunterbrechen der BSC auf untere Organisationsebenen bzw. MitarbeiterInnen finden sich Ziele bezüglich der Strukturqualität einer Einrichtung, zum Beispiel in der Lern- und Entwicklungsperspektive (Qualifikation des Personals) oder in der Finanzperspektive (Beispiel: Ziele zur Finanzierung der technisch-räumlichen Gegebenheiten).

Die Balanced Scorecard ist im Weiteren auch Teil der *Prozessqualität*. Die Prozessqualität des Managements zeigt sich etwa darin, wie Prozesse gesteuert werden: Wie (nämlich mit dem Instrument der BSC) und mit wem legt das Management Ziele fest? Wie werden Ziele operationalisiert und überprüft?

In der Annäherung der BSC an die MitarbeiterInnenziele finden sich Ziele und Kennzahlen zur Prozessqualität (Wartezeiten, Informationsgehalt der Beratung etc.) zu großen Teilen in der internen Prozessperspektive wieder, in denen beispielsweise Ziele zum Beratungsprozess integriert sind.

Mit der BSC wird einerseits die *Ergebnisqualität* insofern tangiert, als eine Ergebnisbewertung auf strategischer Ebene vorgenommen wird, d. h. es wird nicht unmittelbar der Outcome der Dienstleistung überprüft, sondern die Zielerreichung durch das Management. Andererseits wird die Ergebnisqualität im „klassischen" Sinn zum Beispiel durch die festgelegten Maßnahmen zur Zielerreichung überprüft. Beispiel: Es werden Kundenbefragungen durchgeführt, um überprüfen zu können, ob das strategische Ziel der Kundenzufriedenheit erreicht wurde.

Abschließend muss festgehalten werden, dass die BSC kein Instrument ist, das diejenigen Spezifika der Leistungen Sozialer Organisationen, durch die Qualitätsbestimmungen in Sozialen Organisationen schwierig sind (siehe Kapitel 2, Abschnitt „Spezifische Aspekte der Qualität im Kontext Sozialer Organisationen"), auflöst. Es muss auch im Rahmen der Balanced Scorecard diskutiert werden, inwieweit Standardisierungen zum Beispiel von Beratungsprozessen möglich bzw. sinnvoll sind, wie die Darstellung und Überprüfung der Qualität von nichtmateriellen und intangiblen Dienstleistungen erfolgen kann, auf welche Weise die Kundenorientierung ausgestaltet wird und wie die unterschiedlichen Qualitätsmaßstäbe der differenten Stakeholder sozialer Dienstleistungen integriert werden können. Damit verbunden ist auch die Überlegung, welche Auffassung von Qualität welchem Stellenwert zugeordnet wird bzw. wie die Auffassungen zu koordinieren und zu integrieren sind (dies meint beispielsweise die Diskussion darüber, was als gute bzw. schlechte Qualität bzw. soziale Arbeit bezeichnet wird, ob und wann wirtschaftliche Aspekte zur Qualität sozialer Arbeit gehören, was unter sozial-ethischer Qualität zu verstehen ist). Die Entscheidung darüber, was in welcher Form als Qualität zu verstehen ist (Bewertung), spiegelt sich in den strategischen Zielen wider. Im strategischen Entwicklungsprozess einer BSC zeigen sich die Schwierigkeiten in der Qualitätsbestimmung noch relativ verdeckt, sie werden vielmehr in der Umsetzung der Maßnahmen bzw. dann deutlich, wenn MitarbeiterInnen ihre Arbeit zur Erreichung der Ziele in der BSC ausrichten, also wenn es darum geht, die Dinge richtig zu tun. Als positive Funktion der BSC kann in diesem Kontext jedoch verstanden werden, dass sie das Management und die MitarbeiterInnen darin unterstützt, auf systematische Weise die für sie relevanten Qualitätsziele zu formulieren und Kennzahlen mit den jeweiligen Vorgaben und Maßnahmen zu definieren, wodurch schließlich Maßgaben für die Überprüfung der Erreichung der Qualitätsziele der gewünschten Ergebnisse vorliegen.

Resümee: Potenziale der BSC für das qualitätsorientierte Management Sozialer Organisationen

In dieser Studie konnte dargelegt werden, dass die Balanced Scorecard als Management- und Qualitätsinstrument bei konsequenter Umsetzung und nach jetzigem Erfahrungsstand sinn- und nutzbringend für Soziale Organisationen eingesetzt werden kann.

Im Vergleich mit den anfänglich dargestellten Managementanforderungen, die sich im Kontext Sozialer Organisationen ergeben, wurde deutlich, dass der Einsatz der BSC an sich ein Beitrag zu einem geplanten und systematischen Sozialmanagement ist. Es wurde ersichtlich, dass die Besonderheiten und aktuellen Entwicklungen, zum Beispiel in der Finanzierungsstruktur, im zunehmenden Wettbewerb, zu großen Teilen aufgegriffen werden können. Auch in seinen Funktionen (Planung, Innovation, Controlling etc.) und Aufgaben auf strategischer Ebene kann das Management durch die BSC unterstützt werden. Zudem trägt die BSC dazu bei, dargestellte Managementdefizite, wie fehlende Formulierung und Operationalisierung von Zielen, zu beheben und deren Entstehung zu vermeiden. Die BSC erfüllt, bei entsprechendem Gebrauch durch die umsetzenden Personen, die allgemeinen Anforderungen nach Beteiligung, Offenheit etc., die an ein qualitätsorientiertes Managementinstrument im Sozialbereich gestellt werden. Darüber hinaus widersprechen die durch die BSC geforderten Inhalte und die Struktur der BSC nicht den sozialen Aspekten bezüglich der Ethik, der Besonderheiten des sozialen Arbeitsfeldes und der Aktivierung der Beteiligten des Sozialmanagements.

Die notwendige Integration des Qualitätsaspekts ist im Management durch die BSC ebenfalls gegeben. Relevant ist für die Steuerung Sozialer Organisationen, dass eine Entscheidung darüber erfolgt: Erstens, welche Aspekte und welche Auffassungen von Qualität (zum Beispiel die herstellungs-, produktorientierte, sozial-ethische etc.) bei der qualitätsorientierten Betrachtung von Leistungen in Sozialen Organisationen integriert und kombiniert werden. Zweitens ist zu entscheiden, wie die Qualitätsebenen (Struktur-, Prozess-, Ergebnisqualität) inhaltlich ausgestaltet werden. Drittens ist zu ermessen, wie die aus personenbezogenen Dienstleistungen resultierenden qualitätsrelevanten Spezifika (zum Beispiel Uno-actu-Prinzip, Immaterialität der Leistungen) integriert werden. Die BSC ermöglicht die Einbeziehung dieser drei genannten qualitätsorientierten Steuerungsaspekte auf strategischer Ebene (mit Verbindung zur operativen Ebene). Durch sie wird zum einen nach außen transparent, was als Qualität der Sozialen Organisation bewertet wird und welches Qualitätsniveau erreicht werden soll. Zum anderen können Qualitätsziele für bestimmte Prozesse, Handlungsweisen etc. gesetzt werden. Der Aufbau der BSC mit der Verbindung von Kennzahlen und Zielvorgaben erlaubt zudem ein Qualitätscontrolling. Übergreifend setzt die BSC den Rahmen für weitere (operative) Qualitätsinstrumente bzw. -systeme.

Speziell für das strategische qualitätsorientierte Management Sozialer Organisationen – das als die Steuerung und Koordinierung der langfristigen Evolution der Organisation unter Berücksichtigung der Stakeholderinteressen definiert wurde –, ist die BSC ein unterstützendes Instrument. Mit dem Einsatz der BSC erübrigt sich für das Management jedoch nicht die Entscheidung für die grundlegende Zielrichtung der Organisation. Voraussetzung und Herausforderung für das Management und die Implementierung der BSC sind die Entwicklung und Formulierung einer fundierten, auf Analysen beruhenden Strategie. Eine gewisse Basis an Management muss also bereits vorhanden bzw. initiiert sein. Grundlegend darf der mit der Einführung eines derartigen Instrumentes und der aus den resultierenden Maßnahmen entstehende Aufwand (auch der zeitliche) nicht unterschätzt werden.

Dabei muss immer der Sinn und Zweck einer Balanced Scorecard beachtet werden: Eine Balanced Scorecard ist kein Projektmanagement-Instrument, mittels dessen auch marginale und jedwede Ziele definiert werden. Sie definiert vielmehr mit und in all ihren Perspektiven die kritischen Erfolgsfaktoren und gibt nur diese – wenn auch dynamisch – wider.

Balanced-Scorecard der BSA – Rahmen

Vision: MFT – unsere Kunden sind Gewinner

Per.[a]	Strategische Ziele	Messgrößen
K1	Der Siemens-Konzern[b] bleibt Hauptkunde der BSA	Anteil zu betreuender MitarbeiterInnen (MA) innerhalb des Siemens-Konzerns Leistungsangebote/ Ausgründungen und Zukäufe
K2	Die BSA gleicht Ausgründungen und Zukäufedurch Dienstleistungsverträge aus	Anteil zu betreuender MitarbeiterInnen innerhalb des Siemens Konzerns
K3	Die Kunden nehmen Zusatzleistungen der BSA in Anspruch	Anteil der Tage für Zusatzleistungen an den produktiven Tagen Preisaufschlag für Zusatzleistungen
K4	Die BSA verkauft Betreuungsaufträge mit Standardleistungsangebot	Anteil der Tage für Standardleistungen an den produktiven Tagen
K5	Interne und externe Kunden nehmen die E-Business-Angebote[c] der BSA in Anspruch	Anteil der in Anspruch genommenen Leistungen des E-Business des Gesamtleistungsangebotes
K6	Die Kunden sind mit der Leistung zufrieden	Kundenbefragung Feedbackbogen

Per.	Strategische Ziele	Messgrößen
P1	Die BSA führt Individual- und Gruppenberatungen durch	Anteil Individualberatungen Anteil Gruppenberatungen
P2	Die BSA optimiert ihre internen Prozesse kontinuierlich, zum Kundenvorteil	Prozesseinheiten[d)]
P3	Die Beratungsprozesse der BSA werden zielgerichtet mit den Kunden geplant, die Ergebnisse in Klaxs[e)] evaluiert	Zielerreichungsgrad der Beratungsprozesse
P4	Über die garantierte Grundversorgung der Standorte hinaus bieten BSA regionale Spezialthemen (im Rahmen der Zusatzangebote) an und führen diese regional und überregional durch	Anzahl der angebotenen Spezialthemen a) gesamte BSA b) regionale BSA In Anspruch genommene Spezialthemen
P5	Die BSA arbeitet in einem integrierten Beratungs-Netzwerk	Anteil der im Netzwerk durchgeführten Projekte
Per.	**Strategische Ziele**	**Messgrößen**
F1	Es wird eine Deckung erwirtschaftet aus Kostensatz und Auslastung (Kostenstellenrechnung)	Gesamtkosten (GK)/MA Personalkosten (PK)/MA Deckungsgrad GK durch Standardleistungen (Umlagen)
F2	Die BSA-MitarbeiterInnen werden am Erfolg wirtschaftlich beteiligt	Prozentualer Anteil variabler Vergütungszahlungen an produktive Stunden gesamt
F3	Es wird ein Überschuss erwirtschaftet aus marktfähigen Preisen und verrechenbaren Stunden (Auftragsverrechnung)	Produktive Tage/MA Verrechnungen/MA Verrechnungen/Auftrag Rechn.kosten-Anteil/Auftrag

Per.	Strategische Ziele	Messgrößen
I1	Die Qualifikation der BSA-MitarbeiterInnen misst sich an internationalen Standards und wird konsequent erweitert	Erfüllungsbandbreite der europäischen Standards durch jew. MA Anteil der BSA-MitarbeiterInnen, die den europäischen Standard erfüllen
I2	Die BSA entwickelt kunden- und bedarfsorientiert neue Angebote	Anzahl der realisierten neuen/verändert. Angebote pro Jahr
I3	Die BSA setzt interdisziplinäres Fachwissen praxisorientiert um	Anteil der Projekte mit Kooperationspartnern (intern/extern)
I4	Die BSA arbeitet teamorientiert zur Steigerung der Beratungskompetenzen	Anzahl der Projekte/ durchgeführten Aufträge/Seminare mit mehr als einem Mitarbeiter
I5	Die MitarbeiterInnen identifizieren sich mit der BSA	MitarbeiterInnenzufriedenheitsindex MitarbeitInnenbefragung
I6	Der EFA Dialog[f] wird angewandt	Entwicklungskennzahl Gehaltsstrukturen Altersstrukturen

Stand: 07.02.2001

a) K = Kundenperspektive, P = Prozessperspektive, F = Finanzperspektive, I = Innovationsperspektive
b) inklusive der Tochterunternehmen und Beteiligungsgesellschaften (>50% Beteiligung)
c) Angebotsstruktur muss noch definiert werden
d) Eine Prozesseinheit umfasst einen Tag inklusive Vor- und Nachbereitung
e) EDV-gestütztes Dokumentationssystem
f) Personalinstrument der Siemens AG

Rahmen-BSC der Betrieblichen Sozialarbeit der Siemens AG.
Quelle: Siemens AG/contec GmbH

Anmerkungen

Balanced Scorecard als Instrument für das qualitätsorientierte strategische Sozialmanagement

1 Entsprechend wird die BSC nicht entweder als Management- oder als Qualitätsinstrument diskutiert, sondern als ein Instrument, welches beide Aspekte integriert. Eine separate Erläuterung der Themen Management und Qualität erlaubt jedoch eine strukturiertere und differenziertere Darstellung der beiden Aspekte.

1. Management in Sozialen Organisationen

1 Wirtschaftliche Unternehmen sind großteils auf quantitativ messbare Formalziele, wie zum Beispiel Gewinn und Rentabilität ausgerichtet (vgl. Horak 1993, S. 168).

2 Mit dem Konzept des Stakeholder Value wird davon ausgegangen, dass die Berücksichtigung der Interessen aller von den Aktivitäten oder Zielen einer Organisation Betroffenen im Sinne der allgemeinen Wohlfahrt ist und zudem das eigene Überleben sichert und damit für eine langfristige Absicherung der Organisation sorgt. „Auf Dauer kann nach dieser Auffassung jede Organisation nur dann überleben, wenn sie für alle von ihr mittelbar oder unmittelbar Betroffenen einen positiven Beitrag leistet und damit einen Wert schafft, der wiederum in Gewinnen und anderen Leistungen honoriert wird ... Für Soziale Organisationen sind in diesem Zusammenhang besonders Transferleistungen (Know-how, Überlassung von technischem Gerät, Benutzung logistischer oder Marketing-Kanäle usw.) von Vorteil" (Puch/Westermeyer 1999, S. 41 f.). Als größter Nutzen des Konzepts des Stakeholder Value wird das erweiterte Blickfeld der Beteiligten (der Mitglieder der Organisation) gesehen, welches daraus resultiert, dass Anspruchsgruppen bzw. -personen Einblick in die Belange der Einrichtung erhalten, also die Transparenz erhöht wird. Die Organisation wird so zum Beispiel dabei unterstützt, Hindernisse zu erkennen oder das Geschäftsfeld zu erweitern, d. h. die Dienstleistungen entsprechend den Bedürfnissen der KundInnen zu modifizieren.

3 Vgl. Horak/Matul/Scheuch 1999, S. 172 und Tiebel 1998, S. 85.

4 Kunden werden zunächst mit Stakeholdern gleichgesetzt, zur näheren Differenzierung siehe Kapitel 2, Abschnitt „Aspekte der Qualität im Kontext Sozialer Organisationen".

5 Es können zum Beispiel Jahresberichte unterschieden werden. Diese sind umfassende Berichte, die der Erstellung des Gesamtberichts für die Organisation dienen und Grundlage für die folgende Jahresplanung sind. Der Quartalsbericht enthält die wichtigsten Informationen zu Leistungsdaten, Budgetdaten, Personalstruktur und die ausführliche Analyse dieser Daten, sowie Vorschläge für Steuerungsmaßnahmen. Monatsberichte dienen zur Vermeidung finanzieller Risiken. Bedarfsgerechte Sonderberichte werden zu bestimmten Themen erstellt, zum Beispiel dem Aufbau eines Kommunikationsseminars, der Analyse einer bestimmten Kostenentwicklung oder dem Vergleich mit Angeboten anderer Einrichtungen (vgl. Decker 1997, S. 535 ff.).

Anmerkungen

[6] Die Implikation des Präventionsgedankens bedeutet, dass Kosteneinsparungen oder Mittelkürzungen nicht dazu führen sollen, dass kurzfristig zwar Kosten oder sonstige Mittel eingespart werden können, dadurch jedoch langfristig wiederum höhere Kosten oder ein höherer Mittelaufwand entsteht.

[7] „Kann ein Gut zur gleichen Zeit nur von einem Individuum genutzt werden, so liegt eine physische Exklusion und damit das kennzeichnende Merkmal für ein Individualgut vor ... Güter, auf die das Merkmal der physischen Exklusion nicht zutrifft, die folglich Nutzen an mehr als ein Individuum abgeben, werden als Kollektivgüter bezeichnet" (Corsten 1992, S. 299).

[8] Hierunter ist das Management als „Institution" zu verstehen, d. h., die Gruppe von Personen, die in einer Organisation mit Anweisungsbefugnissen betraut ist (vgl. Steinemann/Schreyögg 1997, S. 5 f. und Puch/Westermeyer 1999, S. 27).

[9] Die Ethik sozialer Arbeit gibt es nicht, sie ist zu definieren und ist als ein Aushandlungsprozess im Rahmen verschiedener Erwartungen und deren Legitimität zu verstehen. Mit dem Hinweis auf die Ethik sozialer Arbeit wird thematisiert, dass im Gegensatz zu anderen „Branchen" in Sozialen Organisationen Ziele moralisch legitimiert, die Nebenfolgen und Folgen bedacht, sowie die Interaktionen mit den moralfähigen Subjekten moralisch strukturiert sein sollen. Es ist immer die Frage nach dem Falsch und Richtig bzw. Gut und Böse zu stellen (vgl. Schneider 1999, S. 162 f.). Ethische Implikationen in der Sozialen Arbeit werden zum Beispiel ausgedrückt durch „den Respekt der Autonomie der Lebenspraxis von AdressatInnen" (Puch 2000, S. 62); Sicherung der Menschenwürde durch Mündigkeit und Selbstverantwortung (vgl. Schneider 1999, S. 163) oder durch die Betonung der Menschlichkeit oder Humanität (zum Beispiel vor der Wirtschaftlichkeit), durch die Achtung der Menschenwürde und die Orientierungen an den Menschenrechten (vgl. Speck 1999, S. 131). Da es die Ethik nicht gibt, Inhalte aus einer ethischen Reflexion resultieren, die durch Werte und Normen von Menschen geprägt sind, sind die definierten Inhalte stets streitbar (zum Beispiel Entscheidungen religiöser Institutionen betreffend, die sich oft als moralische Instanzen sehen, dabei aber meines Erachtens teilweise menschenverachtende Vorgehensweisen praktizieren (zum Beispiel „Hexen"-Verbrennungen, in Abtreibungsfragen, im Umgang mit MitarbeiterInnen, religiöse Kriege etc.).

[10] Auch hierfür gelten die im Kontext der Ethik vorgebrachten Anmerkungen, auch ein „positives Menschenbild" ist Definitionssache.

[11] Unter Empowerment für MitarbeiterInnen werden Maßnahmen verstanden, auf MitarbeiterInnen weit reichende Kompetenzen, Befugnisse und Wissen zu übertragen. Die MitarbeiterInnen sollen auf der Basis von mehr Autonomie und Selbstverantwortung befähigt bzw. ermächtigt werden, ihren Leistungsbeitrag zu einem wesentlichen Teil selbst zu bestimmen. Maßnahmen sind zum Beispiel die (Re-)Integration von Arbeitsabläufen (keine Aufteilung von Aufgaben), Team- und Projektarbeit, Teamvernetzung (vgl. Schreyögg 1996, S. 269). Professionelle soziale Berufsgruppen beschäftigen sich in der Arbeit mit ihren KundInnen/KlientInnen „unter einer Empowermentperspektive ... vor allem mit den Fähigkeiten und Stärken von Individuen und mit den auf der Gruppen- und Strukturebene vorzufindenden und entwickelbaren Ressourcen, ohne damit die Schwächen oder die Bedürfnisse der Betroffenen zu vernachlässigen. Das Ziel der Interventionen besteht darin, auf den verschiedenen Ebenen versteckte oder nicht genutzte Ressourcen zu entdecken und sie für die Bearbeitung aktueller sozialer Probleme und für die Weiterentwicklung (Stärkung) des sozialen Systems nutzbar zu machen" (Stark 1996, S. 160 f.).

[12] Horak (1993, S. 172 f.) unterscheidet zwischen einer Effizienz im weiteren Sinne, der Effizienz im engeren Sinne und der Effektivität. Effizienz (im weiteren Sinne) (= Erfolg/Nutzen) verbindet Effizienz (im engeren Sinne) und Effektivität zum Gesamterfolg, der sich aus diesen beiden Größen ergibt. Effizienz (im engeren Sinne) (welche wohl hier auch von Engelhardt angesprochen wird) steht für das Input-Output-Verhältnis („Doing the things right" bzw. für den Wirkungsgrad der eingesetzten Mittel), Effektivität steht für das Ziel-Output-Verhältnis („Doing the right things" bzw. Grad der Zielerreichung) (vgl. auch Brülle/Altschiller 1992, S. 51).

[13] Unterteilt wird idealtypisch in Top Management auf der Organisationsebene, in Middle Management auf Abteilungs- und GruppenleiterInnenebene und in Lower Management auf der Ausführungsebene.

[14] Wie viele dieser NPOs Soziale Organisationen sind, wird nicht aufgeführt.

[15] Das heißt, die Handlungen werden nicht rein an Zweck, Mitteln und Nebenfolgen orientiert und rational abgewogen, sondern es wird auch affektuell (d. h. auch emotional) und traditional gehandelt, ebenso kann zugunsten von KlientInnen nicht entsprechend geltender Normen (sowohl Muss-, Soll- und Kann-Normen betreffend) gehandelt werden (vgl. Weber 1980, S. 13; Reinhold 1991, S. 677).

[16] So zum Beispiel in Frauenhäusern, die gezielt und aus ideologischen Gründen organisationspraktische Notwendigkeiten wie Regelbildung oder eine gewisse formelle Hierarchisierung (formelle Leitung) ablehnen, aber auch nur mit dieser „Frauenhausphilosophie" (ehrenamtliche) MitarbeiterInnen anziehen (vgl. Seibel 1992, S. 188 u. S. 273).

[17] Genauso kann dilettantisch organisierter Frauenprotest gegen patriarchalische Gesellschaftsstrukturen dazu beitragen, dass keine Veränderungen stattfinden und sich Frauenhäuser und ähnliche Einrichtungen weiterhin legitimieren können, da Strukturen, die solche Einrichtungen erfordern, erhalten bleiben. Ein Dilettantismus im Kostenbewusstsein der NPO kann verschleiern, dass Fehler zum Beispiel schon in den diesbezüglichen gesetzlichen Grundlagen zur Finanzierung verankert sind; als Schwachpunkt wird jedoch die Soziale Organisation konstatiert (vgl. Seibel 1992, S. 273).

2. Aspekte der Qualität in Sozialen Organisationen

[1] Meines Erachtens ist soziale Arbeit auch heute noch, unabhängig von einer Zweckrationalität, im wertrationalen Verständnis als ein Bereich zu verstehen, dem eine besondere Qualität zuzuschreiben ist, ebenso wie sozialem Handeln ein positiver Wert zuzuschreiben ist.

[2] Vgl. Hegner 2000, S. 82; vgl. zur Bedeutung der Ansätze für Soziale Organisationen Schubert/Zink 1997, S. 2 ff.; Projektgruppe „Qualitätsmanagement in der Behindertenhilfe" 2000, S. 25 ff.

[3] Anders formuliert könnte das zum Beispiel heißen, dass eine Organisation, die ihre Leistungsprozesse nur unter dem Aspekt des Preis-Leistungs-Verhältnisses betrachtet, nicht aber unter dem sozial-ethischen Aspekt, nicht qualitätsvoll handelt.

[4] Nach welchen Kriterien derzeit die Qualität einer Sozialen Organisation bestimmt werden kann, wird zum Beispiel in der Definition von Schwarz/Purtschert/Giroud (1999, S. 108) deutlich: „Eine NPO ist von hoher Qualität, wenn sie die priorisierten

Bedürfnisse und Erwartungen der Mitglieder/Träger, Klienten und Mitarbeitenden zu deren Zufriedenheit effektiv (zielgerichtet) und effizient (wirtschaftlich) erfüllt sowie gleichzeitig Akzeptanz und Unterstützung bei den übrigen Austauschpartnern (Stakeholder) und der Öffentlichkeit findet."

5 Externe Faktoren werden definiert als materielle und immaterielle Güter, die von Seiten des oder der DienstleistungsempfängerIn von außen in den Leistungserstellungsprozess eingebracht werden (zum Beispiel Mitwirkungs- und Informationspflicht eines/r BürgerIn bei der Beantragung von Sozialhilfe), und die durch die passive oder aktive Beteiligung der AbnehmerInnen an der Leistung gekennzeichnet sind (vgl. Knorr/Halfar 2000, S. 72).

6 Ein Indikator dient als Instrument zur Operationalisierung eines selbst nicht messbaren Sachverhaltes, d. h. von Größen, die sich einer unmittelbaren Erfassung entziehen. Man kann zwischen direkten und indirekten Indikatoren, Input- und Output-Indikatoren, Zustands- und Prozessindikatoren sowie objektiven und subjektiven Indikatoren unterscheiden (vgl. Horak 1993, S. 22).

7 Im Sozialwesen wird zwischen dem Output einer Dienstleistung (was leistet sie) und dem Outcome des Handelns (was wird mit ihm erreicht) unterschieden. Die gemeinte Differenzierung wird mit der Redewendung „Operation gelungen, Patient tot" deutlich. Ein Beratungsgespräch kann methodisch korrekt geführt werden, führt aber bei dem oder der EmpfängerIn nicht zu einem Nutzen. Die am Outcome zu beobachtende Ergebnisqualität differiert in jedem Einzelfall (vgl. Wendt 1997, S. 76 f.).

8 Die Überprüfung der Ergebnisqualität wird im Gegensatz zur Struktur- und Prozessqualität als besonders diffizil angesehen, zum Beispiel dadurch, dass es schwierig zu erfassen ist, wie viel Rat oder Information in einer Beratung produziert wurde, durch die subjektive Einschätzung des Nutzens durch die DienstleistungsadressatInnen, oder durch die Schwierigkeit, Verhaltensänderungen messbar zu machen. Die problematische Überprüfung der Ergebnisqualität hat lange dazu geführt, dass teilweise sogar empfohlen wurde, auf diese zu verzichten. Derzeit wird sie aber als notwendiger Bestandteil professioneller Arbeit betrachtet. In diesem Kontext kann die soziale Arbeit auf die empirischen Sozialwissenschaften zurückgreifen und ihre Ergebnisse, zum Beispiel mit Hilfe der Erkenntnisse zur Evaluation, überprüfen (vgl. Knorr/Halfar 2000, S. 76 ff.).

9 Auf die Diskussion, ob die „bisherigen" KlientInnen bzw. bestimmte Gruppen davon als Kunden bezeichnet werden können bzw. sollten (zum Beispiel aufgrund mangelnder Wahlfreiheit und Konsumentensouveränität oder dem Umstand, dass die direkten AdressatInnen nicht für die Leistung zahlen) und welche Konsequenzen dieses Kundenverständnis nach sich ziehen müsste, wird hier verzichtet (vgl. dazu Gerhardinger [2000], S. 3 ff.; Stoll 2001, S. 51 ff.).

10 Hier wird auf die weibliche Sprachform verzichtet, da es sich bei diesen Kunden in der Regel um Institutionen handelt.

11 Die KundInnenorientierung bezieht sich zwar vom Grunde her hauptsächlich auf die direkten KundInnen, indirekt sind jedoch auch die weiteren Kunden Nutznießer. Im Total Quality Management (siehe Kapitel 6, Abschnitt „Qualitätsorientierte und -integrierende Funktionen der BSC") wird zum Beispiel auch die Orientierung an den MitarbeiterInnen der Organisation als Kundenorientierung definiert.

12 Auch als Opportunismus definierbar.

13 Diese wäre zum Beispiel auch gegeben, wenn im Rahmen der Bildungs- und Erziehungsarbeit mit Kindern eine unreflektierte Bedürfnisbefriedigung gegenüber den Kindern erfolgt.

14 Aufgrund der sehr vielfältigen und verschiedenartigen Bezugsgruppen von (sozial-) pädagogischer Arbeit muss in dieser Hinsicht, d. h. in der Beurteilung, inwieweit Qualität von KundInnen oder/und von MitarbeiterInnen definiert werden kann, stark differenziert werden. Auswirkungen darauf, wer letztendlich Qualität beurteilen kann/soll, haben zum Beispiel auch Entwicklungen, wie die in manchen Bereichen zunehmende Gleichstellung des Erfahrungswissens mit dem professionellen ExpertInnenwissen.

15 Durch Verfahren der Qualitätskontrolle wird festgestellt, ob definierte Qualitätsanforderungen tatsächlich erreicht wurden. Durch Qualitätssicherung wird nicht nur das Ergebnis fokussiert, sondern der gesamte organisatorische Rahmen und der Prozess der Leistungserbringung betrachtet. Zur Sicherung zählen alle Maßnahmen, die dafür sorgen, dass eine Qualität so gut bleibt, wie sie ist. Wird von Qualitätsentwicklung gesprochen, soll Qualität nicht nur erhalten, sondern auch verbessert bzw. adaptiert werden. Die Qualitätsplanung stellt sich als gedankliche Vorwegnahme von Qualitätsproblemen und -anforderungen dar, welches die prospektive Implementierung qualitätssichernder Maßnahmen nach sich zieht (vgl. Puch/Westermeyer 1999, S. 110 und Selbmann 1998, S. 50).

3. Qualitätsorientiertes strategisches Management – Handlungsbasis der Balanced Scorecard

1 Der qualitative Charakter des strategischen Managements zeichnet sich dadurch aus, dass primär zu entscheiden ist, welches die richtigen Dinge sind, die getan werden müssen. Diffiziler bzw. teilweise unbrauchbar ist die Übertragung bestimmter Instrumente, die sich damit auseinandersetzen, wie die Dinge richtig getan werden, da viele betriebswirtschaftliche Instrumente in diesem Zusammenhang den Wirtschaftlichkeitsaspekt (für Soziale Organisationen) übermäßig bzw. auf eine andere Weise betonen.

2 Die Bestandssicherung der Sozialen Organisation ist in der Regel anders motiviert als die eines Wirtschaftsunternehmens. Während die Wirtschaftsorganisation die Bestandssicherung zu Gewinnzwecken intendiert und eine KundInnenbindung anstrebt, liegt die Motivation zur Bestandssicherung einer Sozialen Organisation darin, Wirkungen und Leistungen an und für Dritte bieten zu können.

3 Bei Organisationen mit nur einem Geschäftsbereich fallen die Ebenen der Gesamtorganisation und des Geschäftsfeldes zusammen.

4 Strategische Geschäftsfelder in einer sozialen Einrichtung in Form einer Erziehungsberatungsstelle können zum Beispiel die Einzelberatung von Kindern, Paarberatung und Familienberatung sein, in größeren Organisationen zum Beispiel die Felder Kinderhilfe, Integration und Migration, Gesundheit/Rehabilitation etc.

4. Die Balanced Scorecard – Grundlagen und Begriffe

1 Der Cashflow gibt an, welche erwirtschafteten Mittel dem Unternehmen, etwa zur Finanzierung von Investitionen oder Schuldentilgung, zur freien Verfügung stehen. Mit dem Cashflow wird zum Beispiel die Ertragskraft oder die Kreditwürdigkeit der Organisation deutlich (vgl. Jung 2000, S. 1044).

Anmerkungen

[2] Der Return on Investment (RoI) setzt innerhalb einer Periode des Unternehmens den Gewinn in Beziehung zum investierten Kapital und wird in der Regel als Gesamtkapitalrentabilität („Ertragsfähigkeit") definiert (vgl. Wolter 2000, S. 21 und Uhlir 1990, S. 1003).

[3] Strategisches Lernen meint „die Fähigkeit zu organisatorischem Lernen auf Managementebene" (Kaplan/Norton 1997, S. 261).

[4] Wertvorgaben bzw. Wertangebote umfassen die Aspekte, die die Organisationen durch ihre Produkte und Dienstleistungen anbieten, um Kundentreue und -zufriedenheit zu erreichen. Wertangebote zeigen sich zum Beispiel durch bestimmte Produkt- und Serviceeigenschaften, die Art der Kundenbeziehung und das Image und die Reputation der Organisation (vgl. Kaplan/Norton 1997, S. 71).

[5] Marktsegmente sind das Ergebnis einer Aufteilung des Gesamtmarktes in homogene Käufersubgruppen. Als Abgrenzungsmerkmale zwischen den Segmenten werden soziodemographische (zum Beispiel Geschlecht, Einkommen, Bildung, Ortsgröße, Bundesland) und psychographische Kriterien (zum Beispiel Persönlichkeitsmerkmale, Einstellungen, Produkterwartungen) herangezogen. Mit der Marktsegmentierung können Unterscheidungsmerkmale zwischen Käufergruppen extrahiert und daraus Schlussfolgerungen für eine differenzierte Marktbearbeitung gezogen werden (vgl. Schnedlitz 1990, S. 779 f.).

[6] Die Wertschöpfung eines Unternehmens „ist die Summe der durch die Kombination von Arbeit, Boden und Kapital im Rahmen der Produktion geschaffenen Mehrwerte (value added). Dieser *Mehrwert* [Hervorhebung im Original] umfasst die betriebliche Gesamtleistung abzüglich der von Dritten bezogenen Vorleistungen" (Fischer-Winkelmann 1990, S. 1272).

[7] Der Innovationszyklus bzw. -prozess meint die Identifizierung von aktuellen und zukünftigen KundInnenwünschen und die Entwicklung neuer Lösungen für diese Wünsche, der Betriebsprozess beginnt mit dem Eingang einer Bestellung und endet mit Lieferung des Produktes oder der Dienstleistungen an die KundInnen. Der Kundendienstprozess meint das Angebot von Dienstleistungen nach dem Produktkauf, das zum KundInnennutzen beiträgt.

[8] Die Umbenennung in Innovationsperspektive birgt im Rahmen der praktischen Entwicklung einer BSC die Gefahr, dass die Schaffung innovativer Produkte oder Dienstleistungen und der hierfür erforderlichen Prozesse, die eigentlich in der internen Prozessperspektive verankert sind, in die Lern- und Entwicklungsperspektive integriert werden, was nicht ihrer primären Fragestellung entspricht. Mit der Lern- und Entwicklungsperspektive sollen die Ziele thematisiert werden, die zum Beispiel bezüglich der MitarbeiterInnen dazu beitragen, dass diese innovativ handeln können.

[9] Die Kapitalrendite kann dem Return on Investment gleichgesetzt werden (siehe S. 78 ff.).

5. Die Anwendung der BSC im Kontext Sozialer Organisationen

[1] Zu weiteren Kennzahlen im Kontext sozialer Dienstleistungen, etwa zu Prozessen oder dem finanziellen oder materiellen Ergebnis vgl. zum Beispiel Bono 2006, S. 160 ff.

[2] Diese werden wiederum durch die „LeiterInnen der Referate Personal" (LRP) geführt, über der Fachleitung und den LRPs ist der Personalvorstand anzusiedeln.

3 Bei 19 SozialberaterInnen ist die Zuordnung anders, da sie einem speziellen siemens-internen Dienstleistungscenter, der als Costcenter (Service Center Personal [SCP]) gestaltet ist, angehören. Wenn es sich dabei auch um einen Costcenter handelt, ist doch die Situation für die SozialberaterInnen ähnlich, da auch sie eine Deckung der Kosten nur zum Teil durch Verrechnung (ansonsten durch Umlage) erreichen (müssen). Auf diese Gruppe soll hier nicht gesondert eingegangen werden.

4 Leitung Zentralabteilung Personal Deutschland und Geschäftsführung Service Center Personal.

5 In der von Sachse (2001, S. 55) vorgestellten BSC (s. Anhang) sind die Ziele häufig so formuliert, dass Maßnahmen bereits mit Zielen verbunden werden: zum Beispiel „Durch eine gezielte Öffentlichkeitsarbeit ... werden mehr Pflegefamilien gewonnen", die dargestellten Ziele sind zudem häufig sehr lang.

6 Einzelne Sozialberatungen werden dieser Angebotsstruktur bereits gerecht, einige müssen ihr Angebot noch dementsprechend anpassen. Die wesentliche Aussage dieses Zieles ist es, dass die SozialberaterInnen – falls ein entsprechender Bedarf besteht – Gruppenberatungen anbieten können und nicht nur auf Einzelberatung fixiert sind.

7 Eine Deckung ist in der Regel dann erreicht, wenn die Differenz aus Umsatzerlösen und variablen Kosten zur Deckung der fixen Kosten ausreicht (vgl. Pieper 1991, S. 78).

8 Zu den Umsetzungskomponenten bzw. Prozessen, die mit der BSC verbunden sind, siehe zum Beispiel auch Kaplan/Norton (1997, S. 282 ff.), Gehringer/Walter (2000, S. 219 ff.), Friedag/Schmidt (2002, S. 114 ff.).

6. Management- und Qualitätsfunktionen der BSC in Sozialen Organisationen

1 In Kapitel 1 (Abschnitt „Spezifika und aktuelle Tendenzen in den Rahmenbedingungen Sozialer Organisationen") werden weitere Spezifika Sozialer Organisationen aufgezeigt; da ein Bezug zwischen diesen und der BSC aber als zu weit hergeholt erscheint, werden diese hier nicht weiter erläutert.

2 Notwendig dafür ist, dass die Beachtung und Förderung der MitarbeiterInnen nicht in einer Ausbeutung bzw. im Missbrauch derer Motivation resultiert. Auch im Rahmen der BSC muss die Art des Umgangs mit MitarbeiterInnen diskutiert werden.

3 Bei einem länger währenden und vermehrten Einsatz der BSC in Sozialen Organisationen wäre eine weiterführende Untersuchung hinsichtlich der Frage interessant, ob die BSC tatsächlich zur konstruktiven Kommunikationswirkung in Sozialen Organisationen und im Speziellen zum Verständnis der Organisationsziele beiträgt. Denkbar wäre auch, dass die – durch die verschiedenen Perspektiven verursachte – Vielzahl der Bemessungsgrundlagen Verwirrung über die strategische Ausrichtung der Sozialen Organisation schafft, wie vereinzelt in erwerbswirtschaftlichen Unternehmen beobachtet werden konnte. Dies ist sicher auch abhängig von der Größe und Komplexität der Organisation (vgl. Pfaff/Kunz/Pfeiffer 2000, S. 130).

Literaturhinweise

Texte aus dem Internet, bei denen das Abfassungsdatum nicht aus der Quelle hervorgeht, sind mit eckigen Klammern gekennzeichnet.

Ackermann, Karl-Friedrich (2000): *Das Balanced Scorecard-Konzept: Grundlagen und Bedeutung für die Unternehmenspraxis*, in: ders. (Hrsg.): Balanced Scorecard für Personalmanagement und Personalführung: Praxisansätze und Diskussion. Wiesbaden: Gabler.

Albinus, Martin (1999): *Organisationsentwicklung und Controlling in Nonprofit-Organisationen*, in: Henning Imker (Hrsg.): Social Management: Aspekte der Personalführung, der Organisationsentwicklung und des Controllings in Nonprofit-Organisationen. Braunschweiger Studien zur Erziehungs- und Sozialarbeitswissenschaft 37. Braunschweig: Braunschweiger Studien.

Arveson, Paul (1999): *Translating Performance Metrics from the Private to the Public Sector.* http://www.balancedscorecard.org/TranslatingMetrics/tabid/139/Default.aspx [abgerufen am 03.04.2013].

Badelt, Christoph (Hrsg.) (1999): *Handbuch der Nonprofit Organisation: Strukturen und Management.* 2. überarb. und erw. Aufl. Stuttgart: Schäffer-Poeschel.

Bader, Cornelia (1999): *Sozialmanagement.* Freiburg im Breisgau: Lambertus.

Beck, Gregor (1998): *Controlling.* Alling: Sandmann.

Berens, Wolfgang/Karlowitsch, Martin/Mertes, Martin (2000): *Die Balanced Scorecard als Controllinginstrument in Non-Profit-Organisationen*, in: Controlling 1/2000, S. 23–28.

Beyer, Rainer/Horneber, Markus (2002): *Einführung der Balanced Scorecard in einer großen diakonischen Wohlfahrtseinrichtung,* in: Andreas Georg Scherer/Jens Michael Alt (Hrsg.): BSC in Verwaltung und Non-Profit-Organisationen. Stuttgart: Schäffer-Poeschel.

BMBF (Bundesministerium für Bildung und Forschung) (2007): *Vertiefender Vergleich der Schulsysteme ausgewählter PISA –Teilnehmerstaaten.* Bildungsforschung Band 2. Bonn, Berlin.

Bobzien, Monika/Stark, Wolfgang/Straus, Florian (1996): *Qualitätsmanagement.* Alling: Sandmann.

Bono, Maria Laura (2006): *NPO Controlling. Professionelle Steuerung sozialer Dienstleistungen.* Stuttgart: Schäffer-Poeschel Verlag.

Brülle, Heiner/Altschiller, Clemens (1992): *Sozialmanagement – Dienstleistungsproduktion in der kommunalen Sozialverwaltung*, in: Gaby Flösser und Hans-Uwe Otto (Hrsg.): Sozialmanagement oder Management des Sozialen. Bielefeld: Böllert, KT-Verlag.

Brülle, Heiner/Reiss, Claus [2000]: *Qualität in der Sozialen Arbeit.* www.vsop.de/bruelle-reiss.htm [abgerufen am 03.07.2000].

Büschges, Günter/Abraham, Martin (1997): *Einführung in die Organisationssoziologie.* 2. neu bearb. Aufl. Stuttgart: Teubner.

Bundesempfehlung gem. § 93d Abs. 3 BSHG für Landesrahmenverträge nach § 93d Abs. 2 BSHG vom 15. Februar 1999, in: Nachrichtendienst des Deutschen Vereins für Öffentliche und Private Fürsorge 11, S. 377–384.

Burger, Stephan/Johne, Gabriele (1994): *Die Qualität sozialer Dienste im Spannungsfeld zwischen sozialpolitischem Anspruch und ökonomischer Rationalität,* in: Eckhard Knappe/Stephan Burger (Hrsg.): Wirtschaftlichkeit und Qualitätssicherung in sozialen Diensten. Frankfurt [u. a.]: Campus.

Burla, Stephan (1989): *Rationales Management in Nonprofit-Organisationen.* Bern [u. a.]: Haupt.

Corsten, Hans (1992): *Management,* in: ders. (Hrsg.): Lexikon der Betriebswirtschafslehre. München [u. a.]: Oldenbourg.

Crosby, Philip B. (1986): *Qualität ist machbar.* Hamburg: McGraw Hill.

Decker, Franz (1997): *Das große Handbuch: Management für soziale Institutionen.* Landsberg/Lech: Verlag moderne industrie.

Dettling, Warnfried (1997): *Wider das gespaltene Bewußtsein: Für eine neue Verbindung zwischen wirtschaftlichem Denken und sozialen Engagement,* in: Bernd Maelicke (Hrsg.): Qualität und Kosten sozialer Dienstleistungen. Baden-Baden: Nomos.

Deutsches Institut für Normung (1995): *Qualitätsmanagement.* DIN ISO 9000 4, EN 60300 1, IEC 300 1: Begriffe (ISO 8402 : 1994); dreisprachige Fassung EN ISO 8402 : 1995). Berlin: Beuth.

Dommick, Hartmut (1991): *Instrumentalisierung und Orientierung – Gesellschaftliche Funktionen des Managements sozialer Unternehmen,* in: Theorie und Praxis der sozialen Arbeit 8/1991, S. 292–298.

Donabedian, Avedis (1982): *An Exploration of Structure, Process and Outcome as Approaches to Quality Assessment,* in: Hans-Konrad Selbmann/Karl K. Überla (Hrsg.): Quality Assessment of Medical Care. Gerlingen: Bleicher.

Drabner, Claudia/Pawellek, Thomas (1997): *Qualitätsmanagement in Sozialen Einrichtungen am Beispiel der Jugendhilfe: Ein Leitfaden für die Praxis.* Freiburg im Breisgau: Lambertus.

Drucker, Peter F. (1992): *Managing the Non-Profit Organisation: Practices and Principles.* Oxford : Butterworth-Heinemann.

Drude, Hartwig (1994): *Hilfe als Vertrag,* in: Blätter der Wohlfahrtspflege 7/8/1994, S. 144–147.

Literaturhinweise

Eisenreich, Thomas (2000): *Balanced Scorecard: Ein innovatives Controllinginstrument und Managementsystem.* Unveröffentlichte Arbeitspapiere. contec AG. Bochum.

Engelhardt, Hans Dietrich (1995): *Organisationsmodelle: Ihre Stärken – ihre Schwächen.* Alling: Sandmann.

ders. (1999): *Wozu nützt Sozialmanagement?* http://bidok.uibk.ac.at/library/gl1-99-wozu.html [abgerufen am 03.04.2013].

Eschenbach, Rolf (Hrsg.) (1998): *Führungsinstrumente für die Nonprofit Organisation: Bewährte Verfahren im praktischen Einsatz.* Stuttgart: Schäffer-Poeschel.

Esslinger, Adelheid Susanne (2002): *Einsatz strategischer Steuerungssysteme für stationäre Pflegedienste,* in: Andreas Georg Scherer/Jens Michael Alt (Hrsg.): BSC in Verwaltung und Non-Profit-Organisationen. Stuttgart: Schäffer-Poeschel.

European Foundation for Quality Management [2001]: *The EFQM Excellence Model.* http://www.efqm.org/Default.aspx?tabid=35 [abgerufen am 03.04.2013].

Exner, Karin (1998): *Kennzahlen,* in: Rolf Eschenbach (Hrsg.): Führungsinstrumente für die Nonprofit Organisation: Bewährte Verfahren im praktischen Einsatz. Stuttgart: Schäffer-Poeschel.

Feigenbaum, Armand V. (1993): *Total Quality Control.* 3. ed. New York: MacGraw-Hill.

Fischer-Winkelmann, Wolf. F. (1990): *Wertschöpfung,* in: Wolfgang Lück (Hrsg.): Lexikon der Betriebswirtschaft. Landsberg am Lech: moderne industrie.

Friedag, Herwig R./Schmidt, Walter (2000): *Balanced Scorecard: Mehr als ein Kennzahlensystem.* Freiburg im Breisgau: Haufe.

Friedag, Herwig R./Schmidt, Walter (2002): *Balanced Scorecard.* Taschenguide Bd. 61. Freiburg im Breisgau: Haufe.

Garvin, David A. (1984): *What does „Product Quality" really mean?,* in: Sloan Management Review. Vol. 26, Nr. 1/1984, S. 25–43.

Gerhardinger, Günter [2000]: *Qualität in der Sozialen Arbeit – Kritische Überlegungen zu einer (gar nicht so) neuen Zumutung für SozialarbeiterInnen.* Arbeitspapier.

Gehringer, Joachim/Michel, Walter J. (2000): *Frühwarnsystem Balanced Scorecard: Unternehmen zukunftsorientiert steuern. Mehr Leistung, mehr Motivation, mehr Gewinn.* 2. Aufl. Düsseldorf [u. a.]: Metropolitan.

Gehrmann, Gerd/Müller, Klaus D. (2006): *Management in Sozialen Organisationen: Handbuch für die Praxis Sozialer Arbeit.* 4. aktual. Aufl. Regensburg [u. a.]: Walhalla.

Giesecke, Hermann (1989): *Pädagogik als Beruf: Grundformen pädagogischen Handelns.* 2. Aufl. Weinheim [u. a.]: Juventa.

Gmür, Markus/Lenz, Albert (1998): *Erfolgreiche Beratung durch Qualitätsmanagement,* in: Thomas Giernalczyk und Regula Freytag (Hrsg.): Qualitätsmanagement von Krisenintervention und Suizidprävention. Göttingen: Vandenhoeck & Ruprecht.

Gmür, Markus (2000): *Strategisches Management für Nonprofit-Organisationen,* in: Stefan Nährlich/Annette Zimmer (Hrsg.): Management in Nonprofit-Organisationen. Opladen: Leske + Budrich.

Grayson, Lawrence P. (2004): *An Example: A Management Strategy for a Private School. Balanced Scorecard Institute.* http://www.balancedscorecard.org/Portals/0/PDF/Oak_Knoll_Academy_Example.pdf [abgerufen am 03.04.2013].

Haddad, Tarek (1998): *Balanced Scorecard,* in: Rolf Eschenbach (Hrsg.): Führungsinstrumente für die Nonprofit Organisation. Bewährte Verfahren im praktischen Einsatz. Stuttgart: Schäffer-Poeschel.

Halfar, Bernd (2000): *Steuerung in der Sozialarbeit durch quantitatives und qualitatives Controlling,* in: Joachim König/Christina Oerthel/Hans-Joachim Puch (Hrsg.): Qualitätsmanagement und Informationstechnologien im Sozialmarkt. Starnberg: Schulz.

Hanfland, Ulrich/Spinola, Elisabetta (1997): *Organisation und Management,* in: Albert Hauser/Rolf Neubarth/Wolfgang Obermair (Hrsg.): Management Praxis: Handbuch soziale Dienstleistungen. Neuwied [u. a.]: Luchterhand.

Hegner, Friedhart (2000): *Qualität und Produktivität im Sozial- und Gesundheitsbereich – kein Widerspruch bei zielgerichteter Arbeitsorganisation,* in: Joachim König/Christian Oerthel/Hans-Joachim Puch (Hrsg.): Qualitätsmanagement und Informationstechnologien im Sozialmarkt. Starnberg: Schulz.

Heid, Helmut (2000): *Qualität: Überlegungen zur Begründung einer pädagogischen Beurteilungskategorie,* in: Andreas von Helmke/Walter Hornstein/Ewald Terhart (Hrsg.): Qualität und Qualitätssicherung im Bildungsbereich: Schule, Sozialpädagogik, Hochschule. Zeitschrift für Pädagogik. 41. Beiheft. Weinheim [u. a.]: Beltz.

Heiner, Maja (1998): *Qualitätsmanagement zwischen Qualitätsentwicklung und Qualitätssicherung,* in: Heidrun Metzler/Elisabeth Wacker (Hrsg.): Soziale Dienstleistungen: zur Qualität helfender Beziehungen. Tübingen: Attempto.

Hoefert, Hans-Wolfgang (1990): *Sozialmanagement. Orientierung an industriellen Vorbildern?,* in: Soziale Arbeit 1/1990, S. 2–7.

Hohm, Erika (2000): *Qualitätsentwicklung in der Jugendhilfe – systematische Beschreibung und Abgrenzung von Qualitätsdimensionen unter praxisrelevanten*

Gesichtspunkten, in: Joachim König/Christian Oerthel/Hans-Joachim Puch (Hrsg.): Qualitätsmanagement und Informationstechnologien im Sozialmarkt. Starnberg: Schulz.

Horak, Christian (1993): *Controlling in Nonprofit-Organisationen: Erfolgsfaktoren und Instrumente.* Wiesbaden: Deutscher Universitäts-Verlag.

Horak, Christian/Heimerl-Wagner, Peter (1999): *Management von NPOs – eine Einführung,* in: Christoph Badelt (Hrsg.): Handbuch der Nonprofit Organisation: Strukturen und Management. 2. überarb. und erw. Aufl. Stuttgart: Schäffer-Poeschel.

Horak, Christian/Matul, Christian/Scheuch, Fritz (1999): *Ziele und Strategien von NPOs,* in: Christoph Badelt (Hrsg.): Handbuch der Nonprofit Organisation: Strukturen und Management. 2. überarb. und erw. Aufl. Stuttgart: Schäffer-Poeschel.

Horváth und Partner (Hrsg.) (2000): *Balanced Scorecard umsetzen.* Stuttgart: Schäffer-Poeschel.

Horváth und Partner [2001]: *Die Balanced Scorecard misst die Zielerreichung und stößt die Umsetzung an: Auszug aus einer BSC im Chemie-Bereich* (verändert, verkürzt.) www.absatzwirtschaft.de/pdf/as990104.pdf [abgerufen am 03.04.2013].

Jung, Hans (2000): *Allgemeine Betriebswirtschaftslehre.* 6., unwes. veränd. Aufl. München [u. a.]: Oldenbourg.

Juran, Joseph M. (1990): *Handbuch der Qualitätsplanung.* 2. überarb. Aufl. Landsberg am Lech: Moderne Industrie.

Kaplan, Robert S./Norton, David P. (Hrsg.) (1997): *Balanced Scorecard: Strategien erfolgreich umsetzen.* Stuttgart: Schäffer-Poeschel.

Klöter, Ralf/Schnittka, Matthias (2000): *Balanced Scorecard in der gesetzlichen Krankenversicherung.* www.ksmarketing.de/Themen/themen.html [abgerufen am 18.11.2000].

Knoblauch, Rolf/Schnabel, Ralf E. (1992): *Qualität beginnt und endet beim Mitarbeiter,* in: Gablers Magazin 2/1992, S. 11–17.

Knorr, Friedhelm/Halfar, Bernd (2000): *Qualitätsmanagement in der Sozialarbeit: Für Sozialarbeiter, Sozialpädagogen, Sozialverwaltungen, Freie Wohlfahrtsverbände.* Regensburg: Walhalla.

Kölsch, Roland/Roerkohl, Alfons (1996): *Die Normen DIN EN ISO 9000 ff. im Überblick,* in: Sabine Kraemer-Flieger/Alfons Roerkohl/Roland Kölsch (Hrsg.): Qualitätsmanagement in Non-Profit-Organisationen: Beispiele, Normen, Anforderungen, Funktionen, Formblätter. Wiesbaden: Gabler.

dies. (1996a): *Zehn gute Gründe für die Einführung von QM-Systemen,* in: Sabine Kraemer-Flieger/Alfons Roerkohl/Roland Kölsch (Hrsg.): Qualitätsmanagement in Non-Profit-Organisationen: Beispiele, Normen, Anforderungen, Funktionen, Formblätter. Wiesbaden: Gabler.

Koontz, Harold/O'Donnell, Cyril (1964): *Principles of management.* New York [u. a.]: McGraw-Hill.

Kreikebaum, Helmut (1995): *Strategische Führung,* in: Alfred Kieser/Gerhard Reber/Rolf Wunderer (Hrsg.): Handwörterbuch der Führung. 2. Aufl. Stuttgart: Schäffer-Poeschel.

Kreuter, Andreas (1995): *Qualitätsmanagement als Führungsaufgabe,* in: Alfred Kieser/Gerhard Reber/Rolf Wunderer (Hrsg.): Handwörterbuch der Führung 2. Aufl. Stuttgart: Schäffer-Poeschel

Kühn, Dietrich (1995): *Sozialmanagement: Konzepte und ihre Relevanz für die Sozialen Dienste,* in: Soziale Arbeit 2/1995, S. 38–44.

Künzli, René (1995): *Qualität ist Chefsache,* in: Social management 3/1995, S. 20–21.

Lachhammer, Hannes (2000): *Qualitätscontrolling als Steuerungsinstrument eines Non-Profit-Unternehmens,* in: Joachim König/Christian Oerthel/Hans-Joachim Puch (Hrsg.): Qualitätsmanagement und Informationstechnologien im Sozialmarkt. Starnberg: Schulz.

Lotmar, Paula/Tondeur, Edmond (1999): *Führen in Sozialen Organisationen: ein Buch zum Nachdenken und Handeln.* 6. Aufl. Bern [u. a.]: Haupt.

Luhmann, Niklas/Schorr, Karl Eberhard (1982): *Das Technologiedefizit der Erziehung und die Pädagogik,* in: dies. (Hrsg.): Zwischen Technologie und Selbstreferenz. Fragen an die Pädagogik. Frankfurt am Main: Suhrkamp.

Martin, Lawrence L. (1993): *Total Quality Management in Human Service Organisations.* Newbury Park: Sage.

Matul, Christian/Scharitzer, Dieter (1999): *Qualität der Leistungen in NPOs,* in: Christoph Badelt (Hrsg.): Handbuch der Nonprofit Organisation: Strukturen und Management. 2. überarb. und erw. Aufl. Stuttgart: Schäffer-Poeschel.

Meffert, Heribert/Bruhn, Manfred (1995): *Dienstleistungsmarketing: Grundlagen, Konzepte, Methoden; mit Fallbeispielen.* Wiesbaden: Gabler.

Meinhold, Marianne (1996): *Qualitätssicherung und Qualitätsmanagement in der Sozialen Arbeit: Einführung und Arbeitshilfen.* Freiburg im Breisgau: Lambertus.

Merchel, Joachim (1998): *Zwischen Effizienzsteigerung, fachlicher Weiterentwicklung und Technokratisierung: Zum sozialpolitischen und fachpolitischen Kontext der Qualitätsdebatte in der Jugendhilfe,* in: Joachim Merchel (Hrsg.): Qualität in der Jugendhilfe: Kriterien und Bewertungsmöglichkeiten. Münster: Votum.

Merchel, Joachim (2006): *Sozialmanagement. Eine Einführung in Hintergründe, Anforderungen und Gestaltungsperspektiven des Managements in Einrichtungen der Sozialen Arbeit.* 2. überarb. Aufl. Weinheim [u.a.]: Juventa.

Moos, Gabriele (2001): *Praxiserfahrung mit der Einführung einer Balanced Scorecard,* in: Tagesdokumentation Sozialwirtschaftliche Managementtagung, 7. März 2001. Fachhochschule Mainz.

Müller-Schöll, Albrecht/Priepke, Manfred (1989): *Sozialmanagement. Zur Förderung systematischen Entscheidens, Planens, Organisierens, Führens und Kontrollierens in Gruppen.* 2. Aufl. Frankfurt am Main: Diesterweg.

Müller-Schöll, Albrecht (1993): *Das Konzept „Sozialmanagement" als Grundlage der Befähigung für Organisationsentwicklung,* in: Wolfgang Schönig/Ewald J. Brunner (Hrsg.): Organisationen beraten: Impulse für Theorie und Praxis. Freiburg im Breisgau: Lambertus.

Nöst, Klaus-Peter (1998): *BSC versus TQM.* Diplomarbeit an der sozial- und wirtschaftswissenschaftlichen Fakultät der Universität Graz.

Patak, Michael/Simsa, Ruth (1993): *Paradoxien in Nonprofit-Organisationen,* in: Managerie 2/1993, S. 242–249.

Pfaff, Dieter/Kund, Alexis H./Pfeiffer, Thomas (2000): *Zu Risiken und Nebenwirkungen eines Ausbaus der Balanced Scorecard vom Planungs- zum Anreizinstrument,* in: krp-Sonderheft 2/2000, S. 129–132.

Pieper, Rüdiger (1991): *Lexikon Management.* Wiesbaden: Gabler

Projektgruppe „Qualitätsmanagement in der Behindertenhilfe" (2000): *Fachlichkeit gefordert,* in: Social management 1/2000, S. 25–28.

Puch, Hans-Joachim (1994): *Organisation im Sozialbereich. Eine Einführung für soziale Berufe.* Freiburg im Breisgau: Lambertus.

Puch, Hans-Joachim/Westermeyer, Katharina (1999): *Managementkonzepte: eine Einführung für soziale Berufe.* Freiburg im Breisgau: Lambertus.

Puch, Hans-Joachim (2000): *Soziale Arbeit im Aufbruch: Auf dem Weg zu einer neuen Professionalität,* in: Joachim König/Christian Oerthel/Hans-Joachim Puch (Hrsg.): Qualitätsmanagement und Informationstechnologien im Sozialmarkt. Starnberg: Schulz.

Reinhold, Gerd (Hrsg.) (1991): *Soziologie-Lexikon.* Unter Mitarbeit von Siegfried Lamnek und Helga Recker. München [u. a.]: Oldenbourg.

Rogers, Rolf E. (1975): *Organizational theory.* Boston [u. a.]: Allyn and Bacon.

Sachse, Dagmar (2001): *Balanced Scorecard: Erprobung der Methode im Rahmen eines Organisationsentwicklungsprozesses,* in: NDV 2/2001, S. 52–56.

Schernus, Renate (1997): *Rotkäppchen im Modul-Zeitalter. Eine marktorientierte, qualitätsgesicherte Übersetzung,* in: Sozialpsychiatrische Informationen 4/1997, S. 21–23.

Schnedlitz, Peter (1990): *Marktsegmentierung,* in: Wolfgang Lück (Hrsg.): Lexikon der Betriebswirtschaft. Landsberg am Lech: moderne industrie.

Schneider, Christine (2007): *Strategische Schulentwicklung. Transparenz schaffen mithilfe der Balanced Scorecard,* in: Schulverwaltung. Hessen, Rheinland-Pfalz. Nr. 1. S. 13–14.

Schneider, Johann (1999): *Gut und Böse – Falsch und Richtig. Zu Ethik und Moral der sozialen Berufe.* Frankfurt am Main: Fachhochschulverlag.

Schön, Franz K./Arbeitsgemeinschaft der Evangelischen Jugend Deutschlands (2001): *Die Balanced Scorecard in der Jugendarbeit.* in: Bundesministerium für Familie, Senioren, Frauen und Jugend (Hrsg.): Materialien zur Qualitätssicherung in der Kinder- und Jugendhilfe Nr. 34, Berlin.

Schreyögg, Georg (1996): *Organisation. Grundlagen moderner Organisationsgestaltung.* Wiesbaden: Gabler.

Schröder, Jan W. (2000): *Steuerung in der sozialen Arbeit: Aufbau des Berichtswesens: Eine Einsatzmöglichkeit der Balanced Scorecard,* in: NDV 2/2000, S. 52–55.

Schubert, Hans-Joachim (1997): *Bezahlbare Maßarbeit,* in: Social management 6/1997, S. 26–28.

Schubert, Hans-Joachim/Zink, Klaus (1997): *Eine Einführung in das Werk: Zur Qualität sozialer Dienstleistungen,* in: Hans-Joachim Schubert/Klaus J. Zink (Hrsg.): Qualitätsmanagement in sozialen Dienstleistungsunternehmen. Neuwied: Luchterhand.

Schwarz, Peter (1996): *Management in Nonprofit-Organisationen: Eine Führungs-, Organisations- und Planungslehre für Verbände, Sozialwerke, Vereine, Kirchen, Parteien usw.* 2. aktual. Aufl. Bern [u. a.]: Haupt.

Schwarz, Peter (1997): *Management und Qualität in privaten NPO,* in: Verbands-Management 2/1997, S. 12–23.

Schwarz, Peter/Purtschert, Robert/Giroud, Charles (1995): *Das Freiburger Management-Modell für Nonprofit-Organisationen (NPO).* Bern [u. a.]: Haupt.

dies. (1999): *Das Freiburger Management-Modell für Nonprofit-Organisationen (NPO).* 3. vollst. überarb. und erw. Aufl. Bern [u. a.]: Haupt.

Schweizer, Gerd/Gloger, Hannelore (2006): *Die Balanced Scorecard als Managementverfahren für die Leitung von Schulen,* in: Unterricht Wirtschaft. Heft 25. S. 39–45.

Seibel, Wolfgang (1992): *Funktionaler Dilettantismus: Erfolgreich scheiternde Organisationen im „Dritten Sektor" zwischen Markt und Staat.* Baden-Baden: Nomos.

Selbmann, Hans-Konrad (1998): *Die Hoffnungsträger des Qualitätsmanagements in der Medizin des Jahres 1996,* in: Thomas Giernalczyk/Regula Freytag (Hrsg.): Qualitätsmanagement von Krisenintervention und Suizidprävention. Göttingen: Vandenhoeck & Ruprecht.

Senatsverwaltung für Bildung, Wissenschaft und Forschung (Hrsg.) (2007): *Bildung für Berlin. Schulgesetz für Berlin*. Berlin.

Speck, Otto (1999): *Die Ökonomisierung sozialer Qualität. Zur Qualitätsdiskussion in Behindertenhilfe und Sozialer Arbeit.* München [u. a.]: Reinhardt.

Stark, Wolfgang (1996): *Empowerment: Neue Handlungskompetenzen in der psychosozialen Praxis.* Freiburg im Breisgau: Lambertus.

Stauss, Bernd (1992): *Dienstleistungsqualität aus Kundensicht.* Eichstätter Hochschulreden 85. Regensburg: Pustet.

Steinle, Claus (1995): *Führungsdefinitionen,* in: Alfred Kieser/Gerhard Reber/Rolf Wunderer (Hrsg.): Handwörterbuch der Führung. 2. Aufl. Stuttgart: Schäffer-Poeschel.

Steinmann, Horst/Schreyögg, Georg (1997): *Management: Grundlagen der Unternehmensführung.* 4. überarb. und erw. Aufl. Wiesbaden: Gabler.

Stoll, Bettina (2001): *Betriebliche Sozialarbeit: Aufgaben, Bedeutung, praktische Umsetzung.* Regensburg [u. a.]: Walhalla.

Strachwitz, Rupert, Graf (1997): *Aktuelle Strukturfragen von Not-for-Profit-Organisationen,* in: Albert Hauser/Rolf Neubarth/Wolfgang Obermair (Hrsg.): Management Praxis: Handbuch soziale Dienstleistungen. Neuwied [u. a.]: Luchterhand.

Tiebel, Christoph (1998): *Strategisches Controlling in Non-Profit-Organisationen: Theoretische Konzeption und praktische Umsetzung am Beispiel Deutsches Rotes Kreuz.* München: Vahlen.

Tweraser, Stefan (1998): *Besonderheiten der Implementierung von Instrumenten in NPOs,* in: Rolf Eschenbach (Hrsg.): Führungsinstrumente für die Nonprofit Organisation. Bewährte Verfahren im praktischen Einsatz. Stuttgart: Schäffer-Poeschel.

Uhlir, Helmut (1990): *Return on Investment,* in: Wolfgang Lück (Hrsg.): Lexikon der Betriebswirtschaft. 4. Aufl. Landsberg am Lech: moderne industrie.

Weber, Max (1980): *Wirtschaft und Gesellschaft: Grundriß der verstehenden Soziologie.* 5., rev. Aufl., Studienausg. Tübingen: Mohr.

Weber, Michael (1998): *Sozialmanagement in der Wohlfahrtspflege. Konzepte und Praxisberichte im Caritasbereich: mit einem Beitrag von Johann Michael Gleich zur Caritas-Mitarbeiterbefragung,* in: Horst Beier/Erhard R. Wiehn (Hrsg.): Konstanzer Schriften zur Sozialwissenschaft 45. Konstanz: Hartung-Gorre.

Wendt, Wolf Rainer (1997): *Case Management im Sozial- und Gesundheitswesen: Eine Einführung.* Freiburg im Breisgau: Lambertus.

Wolter, Olaf (2000): *TQM-Scorecard.* München [u. a.]: Carl Hanser.

Worschischek, Michael (2002): *Die Balanced Scorecard als Grundlage für ein integratives kennzahlengestütztes Controlling in der Jugendhilfe,* in: Andreas Georg Scherer/Jens Michael Alt (Hrsg.): BSC in Verwaltung und Non-Profit-Organisationen. Stuttgart: Schäffer-Poeschel.

Wüstendörfer, Werner (1997): *Organisation und Beruf.* Skript zur Vorlesung an der GSO-Fachhochschule Nürnberg.

Stichwortverzeichnis